कवि-प्रतिभा

भारतीय और पाश्चात्य काव्यप्रवृतियों के संदर्भ में एक समीक्षा

लेखन- मीना रामनारायण, सम्पादन- अंशुल खरबन्दा

Made with ♥ on the Notion Press Platform
www.notionpress.com

प्रिय जीवनसंगिनी टीना,

मेरे प्यारे अरस्तू और अरिस्टिना...।

क्रम-सूची

प्रस्तावना

काव्य को लंबे समय से मानवीय विचार और भावना की सबसे गहन अभिव्यक्तियों में से एक माना जाता है, जो समय, संस्कृति और भाषा से परे है। कवि-प्रतिभा की अवधारणा, या आत्मा के साथ गहराई से प्रतिध्वनित होने वाले काव्य को बनाने की सहज क्षमता ने सभ्यताओं के विचारकों और दार्शनिकों को मोहित किया है। भारत और पश्चिम दोनों की समृद्ध बौद्धिक परंपराओं में, काव्य रचना का एक विशेष स्थान है, जो उदात्त को जगाने, सुंदरता को व्याख्यायित करने और अस्तित्व के बारे में सच्चाई को उजागर करने की अपनी क्षमता के लिए प्रतिष्ठित है।

यह पुस्तक, 'कवि-प्रतिभा (भारतीय और पाश्चात्य काव्यप्रवृतियों के संदर्भ में एक समीक्षा), दुनिया के दो सबसे प्रभावशाली सांस्कृतिक क्षेत्रों से कवि-प्रतिभा पर विविध दृष्टिकोणों की खोज करती है। आध्यात्मिक और दार्शनिक परंपराओं में गहराई से निहित भारतीय विचारक अक्सर कविता को एक पवित्र कला के रूप में देखते हैं जो किसी व्यक्ति के दिव्य और ब्रह्मांड के साथ संबंध से उभरती है। दूसरी ओर, पश्चिमी विचारकों ने विभिन्न लेंसों- रोमांटिक, तर्कसंगत, मनोवैज्ञानिक और आध्यात्मिक के माध्यम से काव्य का पता लगाया है।

इन दो बौद्धिक धाराओं से अंतर्दृष्टि को एक साथ जोड़कर, यह पुस्तक कवि-प्रतिभा का तुलनात्मक अन्वेषण प्रस्तुत करती है। यह ऐसे प्रश्नों पर गहराई से विचार करती है: क्या कवि-प्रतिभा एक जन्मजात उपहार है या एक विकसित कौशल? काव्य के निर्माण में प्रेरणा और बुद्धि की क्या भूमिका है? विभिन्न संस्कृतियाँ समाज में कवि के स्थान की अवधारणा कैसे बनाती हैं? भारतीय काव्यशास्त्रियों और पश्चिमी विचारकों के प्रतिबिंबों और शोधपरक विचारों के माध्यम से, यह पुस्तक काव्यसर्जना के पीछे रचनात्मक शक्ति की व्यापक समझ प्रदान करती है। इसका उद्देश्य इन दो दुनियाओं के बीच दार्शनिक और सौंदर्यवादी संवादों को जोड़ना है, पाठकों को कवि-प्रतिभा के सार में एक समृद्ध, तुलनात्मक यात्रा प्रदान करना है।

-मीना रामनारायण

meenajnu@gmail.com

पावती (स्वीकृति)

'कवि-प्रतिभा (भारतीय और पाश्चात्य काव्यप्रवृतियों के संदर्भ में एक समीक्षा) का लेखन एक गहन समृद्ध यात्रा रही है, और मैं उन कई व्यक्तियों का आभारी हूँ जिन्होंने प्रत्यक्ष और अप्रत्यक्ष रूप से इस कार्य में योगदान दिया है।

सबसे पहले और सबसे महत्वपूर्ण, मैं अपने परिवार और करीबी दोस्तों को दिल से धन्यवाद देता हूँ, जिनका अटूट समर्थन और प्रोत्साहन इस पूरी प्रक्रिया में प्रेरणा का निरंतर स्रोत रहा है। मेरी जीवन-संगिनी टीना, बेटी अरिस्टीना और बेटा अरस्तू का बहुत धन्यवाद। इस लेखन कार्य में आपके विश्वास ने मुझे सबसे चुनौतीपूर्ण क्षणों के दौरान भी आगे बढ़ने की ताकत दी।

मैं उन विद्वानों और गुरुओं का बहुत आभारी हूँ जिन्होंने मुझे इस मार्ग पर मार्गदर्शन किया। भारतीय और पश्चिमी साहित्यिक परंपराओं के बारे में आपकी अंतर्दृष्टि इस पुस्तक की सामग्री को आकार देने में अमूल्य थी। विशेष रूप से, मैं सुश्री अंशुल खरबन्दा, जो इस पुस्तक की संपादिका भी है, को आपकी विचारशील प्रतिक्रिया के लिए और मोनिका काद्यान को आपकी सलाह और मार्गदर्शन के लिए धन्यवाद देना चाहूँगा। आपके आलोचनात्मक प्रतिबिंबों ने मेरे विचारों को परिष्कृत करने और शोध चरण के दौरान स्पष्टता प्रदान करने में मदद की है।

पुस्तकालयों, अभिलेखागार और शोध संस्थानों को विशेष धन्यवाद जिनके संसाधनों ने इस पुस्तक को संभव बनाया। जेएनयू, नई दिल्ली और दिल्ली विश्वविद्यालय, नई दिल्ली के पुस्तकालयों में निहित ज्ञान की संपदा इस पुस्तक में चर्चित विचारकों पर दुर्लभ ग्रंथों और आलोचनात्मक टिप्पणियों तक पहुँचने में अपरिहार्य साबित हुई।

मैं इस लेखन कार्य में विश्वास करने और प्रकाशन प्रक्रिया के दौरान उनकी व्यावसायिकता और देखभाल के लिए Notion Press को भी धन्यवाद देना चाहूँगा। आपके समर्थन ने सुनिश्चित किया कि यह पुस्तक उन पाठकों तक पहुँचे जिनके लिए इसे लिखा गया है।

अंत में, उन कवियों, विचारकों और दार्शनिकों के लिए जिनके कार्यों ने इस पुस्तक को प्रेरित किया है, मैं हमेशा आपका ऋणी रहूँगा। कविता और रचनात्मकता पर आपके विचार प्रेरणा के स्रोत के रूप में काम करते रहते हैं, और मुझे उम्मीद है कि यह पुस्तक आपकी विरासत का सम्मान करेगी।

पावती (स्वीकृति)

यह पुस्तक कई लोगों के प्रयासों का परिणाम है, और जबकि मैं इसका लेखक हूँ, यह वास्तव में उन सभी लोगों की है जिन्होंने दीर्घ और अल्प दोनों तरीकों से योगदान दिया।

सच्चे आभार के साथ,

-मीना रामनारायण

1

भारतीय काव्यशास्त्रीय परम्परा का संक्षिप्त परिचय

भारतीय काव्यशास्त्रीय परम्परा का क्रमबद्ध इतिहास आचार्य भरतमुनि से प्रारंभ माना जाता है तथापि वैदिक युग से ही काव्यशास्त्रीय चिंतन धारा के बीज प्रस्फुरित होते रहे हैं। *ऋग्वेद* की अनेक ऋचाओं में काव्य सौन्दर्यात्मक तत्त्व दृष्टिगोचर होते हैं। यथा- उषा संबंधी एक ऋचा में चार-चार उपमाओं की योजना देखने को मिलती है[1]। एक अन्य ऋचा में अतिशयोक्ति अलङ्कार का उत्कृष्ट दिग्दर्शन मिलता है।

'द्‌वा सुपर्णा सयुजा सखाया समानं वृक्षमभिषस्वजाते।
त्योरन्यः पिप्पलं स्वाद्‌वत्यनश्नन्नन्योऽभिचाकशीति।।[2]

ऋग्वेद के अनेक कथानक सूक्तों को प्रबंध काव्यों के विकास के बीजरूप में देखा जा सकता है। इन संवाद-सूक्तों की पृष्ठभूमि में रहे अनेक कथानकों का विकास उत्तरवर्ती साहित्य में हुआ है।[3]

ऋग्वेद में काव्य, कविता आदि शब्दों का प्रयोग भी उपलब्ध होता है।[4]*अथर्ववेद* में वेद को परमात्मा का काव्य कहा गया है।[5]

वेदों से काव्यतत्वों के उद्‌भव का संकेत भरतमुनि मत से भी मिलते हैं जिनका मानना है कि– 'नाट्‌य के सभी तत्त्वों को चारों वेदों से ग्रहण किया गया था। उनके मतानुसार *ऋग्वेद* से पाठ्‌य, *सामवेद* से गीत, *यजुर्वेद* से अभिनय कला और

अथर्ववेद से रसों को ग्रहण कर ब्रह्मा ने नाट्यवेद की रचना की है।[6]

यास्क (७०० ई॰पू॰) के *निरूक्त* में भी अलंकारादि काव्य-तत्त्व देखने को मिलते है।[7] यास्क उपमा का लक्षण पूर्ववर्ती आचार्य गार्ग्य के नाम से उद्धृत करते है अतः कहा जा सकता है कि यास्क से पहले भी काव्य तत्त्वों पर विद्वानों का ध्यान गया होगा।[8] भरत मुनि के *नाट्यशास्त्र* में सुवर्णनाभ और कुचुमार नामक काव्यशास्त्रियों का उल्लेख मिलता है।[9] इन काव्यशास्त्रियों के विषय में *कामसूत्र* (वात्स्यायन) में भी चर्चा मिलती है।[10] राजशेखर भी इन आचार्यो का उल्लेख करते हैं। *काव्यमीमांसा* में काव्यशास्त्र के उद्भव पर विचार किया गया है। यद्यपि अनेक समीक्षक इसे काल्पनिक दृष्टि मानते हैं परंतु तथाकथित काव्य विद्यास्नातक १८ आचार्यों के बारे में उल्लेख अन्यत्र भी दृष्टिगत होने से पूर्णतया काल्पनिक नहीं माना जा सकता है।[11] राजशेखर, नन्दिकेश्वर को रस का आचार्य मानते हैं। नन्दिकेश्वर का समय भरत से पूर्व ठहरता है। भरतमुनि के *नाट्यशास्त्र* में कहा गया है कि *नाट्यशास्त्र* की प्रेरणा तथा अन्य कई विषयों की शिक्षा उन्होंने नन्दिकेश्वर से ली है।[12]*नाट्यशास्त्र* पर अभिनवगुप्त की टीका *अभिनवभारती* में भी नन्दिकेश्वर का उल्लेख मिलता है।[13]

पूर्वोक्त विवेचन के आधार पर कहा जा सकता है कि भरतमुनि के पहले भी काव्यशास्त्रीय चिंतन होता रहा था। परंतु भरतमुनि के पश्चात एक सुस्पष्ट परम्परा चल पड़ी जिसमें आचार्यों ने विभिन्न मत-मतान्तरों से अपने-अपने सिद्धान्तों का प्रतिपादन किया एवं काव्यशास्त्रीय आलोचना-प्रत्यालोचना के क्षेत्र में भाग लिया।

आचार्य भरतमुनि- वर्तमान में काव्यशास्त्र पर उपलब्ध प्राचीनतम् ग्रंथ भरतमुनि का *नाट्यशास्त्र* ही माना जाता है। इसके रचनाकाल के संबंध में विद्वानों में मतैक्य नहीं परंतु अनेक युक्तियों के आधार कहा जा सकता है कि इसकी रचना ई.पू. प्रथम शताब्दी से पहले हो चुकी थी। *अभिनवभारती* के अनुसार तथा उपलब्ध नाट्यशास्त्र में ३६ अध्याय है।[14] इसका मुख्य प्रतिपाद्य विषय नाट्य है। *नाट्यशास्त्र* पर अनेक टीकाएं, व्याख्याएं लिखी गयी परंतु अद्यावधि उपलब्ध टीकाओं में *अभिनवभारती* उत्कृष्ट टीका है।

अग्निपुराण- कुछ समीक्षकों का मानना है कि *अग्निपुराण* भरतमुनि से पूर्व की रचना है परंतु आधुनिक समीक्षक इसे अनेक युक्तियों एवं प्रमाणों के आधार पर भरतमुनि, भामह, दण्ड़ी, आनन्दवर्धन और भोज के बाद की रचना ठहराते हैं।[15]*अग्निपुराण* के ३३७ से ३४७ तक के ११ अध्यायों में काव्यशास्त्रीय विषयों का निदर्शन मिलता है। इनमें काव्यलक्षण, महत्व, भेदों, नाट्यत्तवों, रस, रीति

वृति, अभिनय, अलंकार, गुण, दोष, आदि विषयों पर विवेचन किया गया है।[16]

भामह- भामह भरतमुनि के बाद काव्यशास्त्र के प्रथम आचार्य तथा अलंकार सम्प्रदाय के प्रवर्त्तक है। भामह का काल निर्धारण विवाद का विषय रहा है। कुछ समालोचक- याकोबी, डॉ त्रिवेदी, रंगाचार्य, गणपति शास्त्री आदि इन्हें दण्डी के पूर्ववर्ती ठहराते हैं, वहीं नरसिंह आयंगर के मत को मानते हुए पी॰वी॰ काणे दण्डी को पूर्ववर्ती मानते हैं।[17] अनेक मतान्तरों के आधार पर भामह का समय ५वीं-६वीं शताब्दी ई॰ के लगभग स्वीकार किया गया है।

भामह का एकमात्र ग्रंथ *काव्यालङ्कार* उपलब्ध होता है जिसमें छः परिच्छेद है जिनमें काव्य, अलंकार, दोष, न्याय, शब्दशुद्धि आदि विषयों पर विवेचन किया गया है।[18]

दण्डी- भामह के काल निर्धारण के परिपेक्ष्य में दण्ड़ी का समय ७वीं शताब्दी ई॰के लगभग माना जा सकता है। काव्यशास्त्र पर दण्ड़ी का ग्रंथ *काव्यादर्श* है जिसमें चार परिच्छेद है। इस ग्रंथ में काव्यलक्षण, काव्यभेद, रीति-वैदर्भी-गौडी, गुण, काव्यहेतु, अलंकार, यमक तथा प्रहेलिका एवं दोषों पर विवेचन मिलता है।

भट्टोद्भट- अलकांर सम्प्रदाय के आचार्य उद्भट कश्मीर प्रदेश के निवासी थे। इनका समय ८०० ई॰ के लगभग स्वीकार किया गया है।[19] उद्भट की तीन कृतियाँ *अलङ्कारसारसंग्रह, भामहविवरण,* और *कुमारसंभव* मानी जाती है। जिनमें केवल *अलङ्कारसारसंग्रह*, ही उपलब्ध होती है। यह ग्रंथ ६ विभागों में विभक्त है जिनमें अलंकारों का विवेचन किया गया है।

वामन- रीति सम्प्रदाय के उन्नायक वामन ने रीति को काव्य की आत्मा माना है-रीतिरात्माकाव्यस्य। कल्हण की *राजतरंगिणी* के अनुसार वामन कश्मीरी थे तथा राजा जयापीड़ की राजसभा के सदस्य थे। जयापीड़ का शासनकाल ७७९-८६३ ई॰ में माना जाता है अतः वामन का समय भी ८-९वीं शताब्दी के मध्यान्तर में ग्रहण करना चाहिए।[20]

वामन का एकमात्र ग्रंथ *काव्यालङ्कारसूत्रवृति* उपलब्ध होता है। यह १२ अध्यायों में विभक्त है जिसमें काव्यलक्षण, काव्याङ्ग, प्रयोजन, आत्मा, रीति, वैदर्भी, गौणी, पांचाली, काव्यहेतु गुण, अलंकार आदि काव्य के लगभग सभी पक्षों पर विवेचन किया गया है।

रूद्रट- रूद्रट अलंकार सम्प्रदाय के आचार्य तथा अलंकारों का वैज्ञानिक दृष्टि से विवेचन करने वाले प्रथम आचार्य हैं। इनका स्थिति-काल ९वीं शताब्दी के लगभग माना गया है।[21] रूद्रट की एकमात्र रचना *काव्यालङ्कार* उपलब्ध होती है। १६ अध्यायों में विभक्त इस ग्रंथ में काव्यांगो पर विस्तार से वर्णन किया गया है।

आनन्दवर्धन- ध्वनि सम्प्रदाय के प्रवर्त्तक आचार्य है। कल्हण की *राजतरंगिणी* के अनुसार आनन्दवर्धन कश्मीरी थे तथा अवन्तिवर्मा के राज्यकाल में हुए। अवन्तिवर्मा का समय ७५५-८८३ ई॰ में माना जाता है। अतः आनन्दवर्धन का भी यहीं समय ठहरता है।[22] इनके द्वारा रचित ग्रंथों में *ध्वन्यालोक* सबसे प्रसिद्ध ग्रंथ है। चार उद्योतों में विभक्त इस ग्रंथ में ध्वनि को काव्य की आत्मा प्रतिपादित करते हुए ध्वनि के भेद-प्रभेदों पर विस्तार से चर्चा की गयी है।

राजशेखर- राजशेखर का समय ८८०-९२० ई॰ के लगभग स्वीकार किया गया है।[23] काव्यशास्त्र पर इनका प्रसिद्ध ग्रंथ *काव्यमीमांसा* है। राजशेखर के अनुसार यह १८ अधिकरणों का योजनाबद्ध ग्रंथ मालूम होता है परंतु वर्तमान में केवल एक ही अधिकरण- कविरहस्य उपलब्ध होता है।

अभिनवगुप्त- ध्वनि सम्प्रदाय के आचार्य अभिनवगुप्त ने *नाट्यशास्त्र* पर *अभिनवभारती* तथा *ध्वन्यालोक* पर *ध्वन्यालोकलोचन* नामक प्रौढ़ एवं विद्वतापूर्ण टीकाएं लिखी हैं। इनकी दर्शनादि विभिन्न विषयों पर भी रचनाएं प्राप्त होती हैं। अभिनवगुप्त भी कश्मीर के निवासी थे। इनका स्थितिकाल १०वीं शताब्दी का उत्तरार्द्ध माना जाता है।[24]

कुन्तक- कुन्तक वक्रोक्ति सम्प्रदाय के उन्नायक है। ये अभिनवगुप्त के समकालीन थे। अतः इनका समय ११वीं शताब्दी के लगभग जान पड़ता है।[25] इनका एकमात्र ग्रंथ *वक्रोक्तिजीवितम्* प्राप्त होता है। चार उन्मेषों में विभक्त इस ग्रंथ के अन्तिम दो उन्मेष अधूरे ही उपलब्ध हैं। इस ग्रंथ में कुन्तक वकोक्ति को काव्य की आत्मा प्रतिपादित करते हुए उसके भेद-प्रभेदों का विस्तार से वर्णन करते हैं।

महिमभट्ट- महिमभट्ट का समय १०वीं शताब्दी ई॰ में स्वीकृत है काव्यशास्त्र पर इनका प्रसिद्ध ग्रंथ *व्यक्तिविवेक* है। तीन विमर्शों में विभक्त इस ग्रंथ में ध्वनि का खण्डन कर उसका अनुमान में अन्तर्भाव दिखाया गया है।

भोजराज- भोजराज का स्थितिकाल ११वीं शताब्दी के प्रारंभ में रहा है। काव्यशास्त्र पर इनके द्वारा रचित दो ग्रंथ *सरस्वतीकण्ठाभरण* तथा *श्रृंगारप्रकाश* प्रसिद्ध है। *सरस्वतीकण्ठाभरण* पाँच परिच्छेदों में विभक्त है जिनमें काव्यांगो का विस्तार से वर्णन किया गया है। ३६ अध्यायों में विभक्त *श्रृंगारप्रकाश* में रस तथा नाट्य पर विवेचन किया गया है।

क्षेमेन्द्र- क्षेमेन्द्र की रचनाओं में उनके समकालीन राजाओं का उल्लेख किया गया है जिसके आधार पर उनका समय ११वीं शताब्दी का मध्यकाल ज्ञात होता है। काव्यशास्त्र पर इनकी दो प्रसिद्ध रचनाएं *औचित्यविचारचर्चा* और

*कविकण्ठाभरण*उपलब्ध होती हैं। *औचित्यविचारचर्चा* में औचित्य पर विशद् विवेचन किया गया है। *कविकण्ठाभरण* में पाँच संधि तथा ५५ कारिकाएं है जिनमें कवि तथा काव्य के बाह्य साधनों पर विचार किया गया है।

मम्मट- मम्मट का समय ११वीं शताब्दी के उत्तराद्र्ध में स्वीकृत है। काव्यशास्त्र पर मम्मट के प्रसिद्ध ग्रंथ '*काव्यप्रकाश*' में नाट्यतत्त्व के कुछ पक्षों को छोड़कर काव्यशास्त्र के लगभग सभी पक्षों पर विशद् विवेचन मिलता है।

वाग्भट्ट प्रथम- इनका काल १२वीं शताब्दी का पूर्वाद्र्ध है। पाँच परिच्छेदों में विभक्त *वाग्भटालङ्कार (काव्यालङ्कार)* काव्यशास्त्र पर लिखा गया इनका प्रसिद्ध ग्रंथ है।

वाग्भट्ट द्वितीय- वाग्भट्ट के ग्रंथ में मम्मट व वाग्भट्ट-१ के उल्लेखों को देखकर इनका समय १३वीं-१४वीं शताब्दी के मध्यान्तर में माना जा सकता है। काव्यशास्त्र पर इनका ग्रंथ '*काव्यानुशासन*' गद्यनिबद्ध सूत्रें में लिखा गया है जो पाँच अध्यायों में विभक्त है।

हेमचन्द्र- हेमचन्द्र का स्थितिकाल १२वीं शताब्दी का मध्यान्तर माना गया है।[26] काव्यशास्त्र पर इनका ग्रंथ '*काव्यानुशासन*' है। जिस पर इनके स्वयं के द्वारा '*अलङ्कारचूड़ामणि*' नामक वृत्ति एवं 'विवेक' टीका लिखी गयी। *काव्यानुशासन* आठ अध्यायों में विभक्त है।

विश्वनाथ- विश्वनाथ का समय १४वीं शताब्दी है।[27] काव्यसिद्धान्तों पर इनका प्रसिद्ध ग्रंथ '*साहित्यदर्पण*' है। विश्वनाथ द्वारा *काव्यप्रकाश* (मम्मट) पर *काव्यप्रकाशदर्पण* नामक टीका भी लिखी गयी। दस परिच्छेदो में विभक्त *साहित्यदर्पण* में काव्यलक्षण, भेदादि विषयों पर विस्तार से चर्चा की गयी है।

जगन्नाथ- जगन्नाथ मुगल सम्राट शाहजहां के दरबार में रहे थे। अतः इनका स्थितिकाल १७वीं शताब्दी में होना चाहिए।[28] इनके द्वारा रचित 'रसगंगाधर' मौलिक उदाहरणों से परिपूर्ण प्रौढ़ रचना है।

संदर्भसूची

[1] अभ्रातेव पुंस एति प्रतीची गर्तारुगिव सनये धनानाम्।
जायेव पत्य उशतीसुवासा उषा हस्रेव निरिणीते अरसः।। - ऋग्वेद, 1-124-7

[2] ऋग्वेद, 1-164-20 (एक साथ रहने वाले तथा परस्पर सख्यभाव रखनेवाले दो पक्षी जीवात्मा एवं परमात्माए एक हि वृक्ष शरीर का आश्रय लेकर रहते हैं। उन दोनों में से एक जीवात्मा तो उस वृक्ष के फलए कर्मफलों का स्वाद ले-लेकर खाता है किंतु दूसराए ईश्वर उनका उपभोग न करता हुआ केवल देखता रहता है।

[3] ऋग्वेद, नदीसूक्त -3-33, यम-यमी संवादसूक्त 10-10, सरमा-पाणि संवादसूक्त 1-165 पुरूरवा उर्वशी संवादसूक्त

[4] अग्निर्विश्वानि काव्यानि विद्वान।। -ऋग्वेद, 3-1-18

[5] पश्य देवस्य काव्यं न ममार न जीर्यति।। अथर्ववेद 17-8-32

[6] जग्राहपाठयमृग्वेदात् सामभ्योगीतमेव च।
यजुर्वेदादभिनयान् रसानाथर्वणादपि।। -नाट्यशास्त्र 1-17

[7] निरूक्त, 3-13, 3-18

[8] अथात उपमा यद् अतन् त् सदृशमिति गार्ग्यः। -निरक्त - 3-13

[9] नाट्यशास्त्र 9-130, 9-144, 9-166

[10] कामसूत्र, 1-1-13, 1-1-17

[11] 'अथातः काव्यं मीमांसिष्यामहे, यथोपदिदेश श्रीकण्ठः परमेष्ठिवैकुण्ठादिभ्यश्चतुःषष्ठये शिष्येभ्यः। सोऽपि भगवान् स्वयंभूरिच्छाजन्मभ्यः स्वान्ते वसिभ्यः। तेषु सारस्वतेयो वृन्दीयसामपि वन्द्यः काव्यपुरुष आसीत्। तं च सर्वसमयविदं दिव्येन चक्षुषा भविष्यदर्शदर्शिनं भूर्भुवःस्वस्त्रितय वर्तिनीषु प्रजासु हित काम्यया प्रजापतिः काव्यविद्याप्रवर्त्तनायै प्रायुङ्क्त। सो{ष्ठा दशाचिकरणीं दिव्येभ्यः काव्यविद्यास्नातकेभ्यः सप्रपंचं प्रोवाचः। तत्र कविरहस्यं सहस्राक्षः समाम्नासीद्, औक्तिकमुक्तिगर्भः, रीतिनिर्णयं सुवर्णनाभः, आनुप्रासिकं प्रचेता, यमकं यमः, चिगं चित्रघõदः, शब्दश्लेषं शेषः, वास्तवं पुलस्त्यः औपभ्यमौपकायनः अतिशयंपराशरः, अर्थश्लेषमुतथ्यः, उभयालघड्ढारिकं कुबेरः वैनोदिकं कामदेवः, रूपकनिरूपणीयं भरतः, रसाधिाकारिकं नन्दिकेश्वरः दोषाधिकरण धिषणः, गुणौपदानिकमुपमन्युः, औपनिषदिकं कुचमारः, इति। -काव्यमीमांसा, कविरहस्य।

[12] नाट्यशास्त्र 4-17, 4-19

[13] यत्कीर्तिधरेण नन्दिकेश्वरमतयत्रगमित्वेन दर्शितंतदस्माभिः साक्षान्न दृष्टं तप्रत्यात्तत् लिख्यते संक्षेपतः। - अभिनवभारती, अध्याय-29

[14] षट्त्रिंशकं भरतसूत्रमिदम्। - अभिनवभारती

[15] कुमार, डॉ. कृष्ण, अलंकारशास्त्र का इतिहास, साहित्य भण्डार, मेरठ, संस्करण -6, पृ-47

[16] वही, पृ- 49-50

[17] वही, पृ- 64

[18] वही, पृ- 60

[19] वही, पृ- 80
[20] वही, पृ- 86
[21] वही, पृ- 90
[22] वही, पृ- 99
[23] वही, पृ- 114
[24] वही, पृ- 121
[25] वही, पृ- 124
[26] वही, पृ- 169
[27] वही, पृ- 188
[28] वही, पृ- 216

2

काव्य प्रवृत्तियों के संदर्भ में पाश्चात्य काव्यशास्त्रीय परंपरा का संक्षिप्त परिचय

पाश्चात्य काव्य चिन्तन का प्रारंभ यूनान में हुआ। प्लेटो (427-347 ई. पू.) से पूर्व हेसियड़, सोलन, पिंड़ार, अरिस्टोपनिज (445-385 ई. पू.) की रचनाओं में काव्यतत्त्व विषयक चिंतन के संकेत मिलते हैं। प्लेटो के पश्चात काव्यशास्त्र की सुस्पष्ट चिंतन धारा मिलती है। सुकरात, प्लेटो, अरस्तु (384-321 ई.पू.) लोंजाइनस (प्रथमः द्वितीय सदी ई.पू.) के रूप में काव्यशास्त्रीय चिंतन का केन्द्र यूनान रहा। इनके पश्चात चिंतन का यह केन्द्र यूनान से रोमन (लैटिन) में विस्थापित हो गया, जहाँ सिसरो (106 ई.पू.-43 ई.) होरेस (65 ई.पू. -5 ई.पू.) क्विंटिलियन (35 ई.पू. - 35 ई.), सेंट आगस्टाइन (354 ई. - 430 ई.) टॉमस एक्विनास (1226-1274 ई.) आदि ने इस चिंतन धारा को आगे बढ़ाया।

5वीं सदी से 15वीं सदी तक का समय यूरोप में कला, साहित्य के क्षेत्रा में 'अंधकार युग (Dark Age) कहा जाता है। स्पष्टतः इस युग में कला, साहित्य के क्षेत्र में विशेष प्रगति नहीं हुई। परंतु पुनर्जागरण के साथ ही प्राचीन कला, साहित्य के पुनरुद्धार तथा समीक्षा के रूप में पिर से विकास शुरू हुआ। इस युग में वैज्ञानिक आविष्टकारों तथा खोजों से साहित्यिक विचार जगत् को नई दृष्टि मिली। पुनर्जागरण (Renaissance) के मानववादी तथा व्यक्तिवादी झुकाव

ने साहित्य में भी व्यक्तिवादी दृष्टि को बढावा मिला। शीघ्र ही व्यक्तिवाद, आत्मनिष्ठता, स्वतंत्रता व अराजकता का अतिवादी रूप साहित्यिक क्षेत्र में फैलने लगा। प्रतिक्रिया में प्राचीन साहित्य के पुनरुद्धार की ओर प्रवृत्ति बढ़ी, जो नव-अभिजात्यवाद के रूप में स्थापित होती चली गयी। फ्रांस आदि यूरोपीय देशों में बोइलो, कार्नील आदि ने अरस्तु, होरेस के अभिजात्यवादी काव्य सिद्धान्तों की पुनर्स्थापना की। इग्लैंड में जॉनसन (1573-1637 ई.), जॉन ड्राइडन (18वीं सदी), अलेक्जेंडर पोप, एडिसन आदि ने प्राचीन अभिजात्यवाद के नियमों के प्रयोग पर बल दिया। नव अभिजात्यवाद की इस धारा के साथ-साथ पुनर्जागरण की आत्मवादी तथा मानवतावादी प्रवृत्ति के सिद्धान्तों को मानते हुए साहित्यिक क्षेत्र में स्वच्छन्दतावादी (Romanticism) धारा का विकास भी परोक्ष रूप में हो रहा था। जिसको अमेरिकी स्वतंत्राता क्रान्ति (1776 ई.) तथा फ्रांसीसी क्रांति (1789 ई.) से बहुत बल मिला। स्वच्छन्दतावाद, अभिजात्यवादी साहित्य एवं वस्तुनिष्ठता के विरोध् में खड़ा हुआ था। स्वच्छन्दतावाद का बल आत्मवाद एवं आत्मपरता पर था। ब्लेक (1757-1827), कॉलरिज (1772-1834 ई.) वर्ड्सवर्थ (1770-1850) आदि कवियों (काव्यशास्त्रियों) की कविताओं एवं सिद्धान्तों में स्वच्छन्दतावाद अपने स्पष्ट रूप (तर्क के विरूद्ध भावना का विद्रोह) में प्रकट हुआ। इस युग में कॉलरिज ने कल्पना की व्याख्या कर काव्य में प्रतिष्ठित किया। स्वच्छन्दतावाद की इस प्रवृत्ति ने 'कलावाद' को काव्य क्षेत्र में स्थापित कर 'कला कला के लिए (Art for Art Shake) सिद्धान्त को सुस्पष्ट अभिव्यक्ति दी। कलावाद को आस्कर वाइल्ड़, एडगरएलेन, वाल्टरपेन, ब्रैड़ले जैसे साहित्य-समालोचकों का समर्थन प्राप्त हुआ।

इसी दौरान 19वीं सदी के अन्तिम वर्षों में आर्नोल्ड (1822-1888 ई.) ने कविता को समाज से जोड़ते हुए अभिजात्यवाद को फिर से बल प्रदान किया। और इसका प्रभाव टी.एस. इलियट (1888-1965 ई.) जैसे आधुनिकतावादी प्रवृत्ति के अग्रज के ऊपर भी पड़ा। इलियट ने परम्परा सिद्धान्त एवं निर्वैयक्तिकता सिद्धान्त के माध्यम से अभिजात्यवादी प्रवृत्ति को सबलता प्रदान की।

स्वच्छन्दतावादी आंदोलन से बल प्राप्त करते हुए आदर्शवादी प्रवृत्ति का विकास भी इस युग में हुआ। आदर्शवादी साहित्यकारों ने अपनी रचनाओं में समाज के लिए उदात्त तत्त्वों, नैतिक मूल्यों, मानवीय आदर्शों को स्थान देकर समाज के लिए अनुकरणीय माना 1850-1865 ई. के मध्य फ्रांसीसी साहित्य में यथार्थवादी (Realism) आंदोलन का सूत्रपात हुआ। यथार्थवादी साहित्य में जीवन को यथावत् रूप में प्रस्तुत करने पर बल दिया गया तथा माना कि घटनाओं एवं परिस्थितियों

का यथार्थ प्रस्तुतिकरण किया जाना चाहिए।

यथार्थवाद के पश्चात् 19वीं सदी के उत्तरार्ध में एमाइल जोला (Emil Zola) की कृति 'लरोमन एक्सपेरिमेण्टल' से साहित्य में प्रकृतवाद (Naturalism) आंदोलन शुरू हुआ। यद्यपि यथार्थवादी उपन्यासकार क्लौबैर के उपन्यास 'मदाम केवारी' (1857 ई.) से ही प्रकृतिवादी प्रवृत्ति के दर्शन होने लगे थे। प्रकृतिवादी प्रवृत्ति में माना गया कि मानववादी एवं धर्मवादी विचारदृष्टि से भिन्न मनुष्य को प्रकृत रूप में देखना चाहिए। प्रकृतवाद मन एवं भौतिक जगत् की सभी गतिविधियों के लिए प्राकृतिक कारणों को जिम्मेदार मानता है- "Philosophical Naturaism Considers Natural Causes to be responsible for all movements of mind and matter." प्रकृतवाद को नग्न-यथार्थवाद जैसे शब्दों से अभिहित किया गया।

19वीं सदी के अन्तिम वर्षों में (1886) में यथार्थवाद तथा प्रकृतवाद की मान्यताओं के विरूद्ध प्रतीकवादी (Symbolism) आंदोलन का उदय हुआ, जिसका मानना था कि भौतिक जगत् में प्राकृतिक घटनाओं की बजाय मनोभावों, संवेदनों को महत्त्व दिया जाना चाहिए। प्रतीकवादियों ने माना की यथार्थवादी भाषा, वर्णन शैली, मनोभावों एवं संवेदनों के सम्प्रेषण में बाध्क होती है। अतः इन्होंने साहित्य में प्रतीको (Symbol) को सम्प्रेषण का उचित माध्यम मानते हुए भौतिक जगत् के पदार्थों आदि का प्रयोग व्यंजित अर्थ में करने लगे। प्रतीकवाद ने साहित्य में आत्मपरक प्रवृत्ति को बढ़ावा दिया। मिथकों के प्रयोग को उचित माना गया एवं कलात्मक प्रवृत्ति को स्वीकार कर, प्रायः अभिव्यक्ति एवं रूप को प्रधान माना गया।

प्रकृतवाद एवं प्रतीकवाद आंदोलनों के मध्य (19वीं सदी के अन्तिम वर्षो) में प्रभाववादी (Impressionalism) आंदोलन का भी आगमन हुआ। प्रभाववादी न तो अधिक वस्तुवादी (objectivism) थे और न ही अधिक यथार्थवादी। इनका मानना था कि स्थायी एवं वास्तविक तथ्यगत विस्तार प्रस्तुत न कर कवि (कलाकार) को अस्थायी एवं प्रथमदृष्टि में गृहित प्रतीति का ही प्रस्तुतिकरण करना चाहिए।

स्वछन्दताद की बढ़ती प्रवृत्ति एवं स्वछन्दतावादी कवियों के स्वछन्द एवं अस्पष्ट भाषा शैली के विरूद्ध 20वीं सदी के शुरूआती वर्षों में 'बिम्बवाद' (Imagism) आंदोलन का सूत्रापात हुआ। जिसमें अभिजात्यवादी काव्य प्रवृत्तियों की पुनर्स्थापना पर बल दिया गया तथा उचित बिम्बों के द्वारा आमजन की भाषा में काव्य रचना पर जोर दिया गया।

20वीं सदी के आरंभिक वर्षों में ही रूपवादी आंदोलन भी जोर पकड़ने लगा, जिसका बल भाषा पर अधिक था। रूपवादियों का मानना था कि नैतिक लक्ष्य, संदेश, उतने महत्वपूर्ण नहीं जितना कि माध्यम (भाषा) है। वस्तुतः रूपवादियों ने साहित्यिक भाषा को अन्य क्षेत्रों में प्रयुक्त भाषा से भिन्न माना।

अभिजात्यवाद (Classicism)

रोमन लेखक 'ओलस जेलियस' [1] ने 'Noctes Atticer' में जनवादी लेखन के प्रतिरोध मे (Scriptor Prolatarius) ('scriptor classicus') अभिजातवादी लेखन का प्रयोग जनसामान्य से भिन्न अभिजात वर्ग के साहित्य के लिए किया। परंतु एक प्रवृत्ति के रूप में यह अरस्तु के साथ प्रधानतया होरेस में देखने को मिलती है। होरेस ने तात्कालीन साहित्य की स्थिति के परिपेक्ष्य में कहा कि रचना में पारम्परिक सिद्धान्तों का अनुसरण ही नहीं बल्कि परम्परा में विद्यमान श्रेष्ठ रचनाकारों का भी अनुकरण किया जाना चाहिए। ऐतिहासिक कालक्रम में अभिजात्यवाद ने स्वछन्दतावाद को विपक्ष में रखकर अपने सिद्धान्तों का निर्माण किया।

अभिजात्यवाद में अनुकरणधर्मिता को मान्यता, रचना को सचेतन प्रयास की निर्मिती एवं रचना (कला) को वस्तुनिष्ठ मानते है। भाषा शैली में संयम एवं अनुशासन तथा भाव संयम पर विशेष बल दिया जाता है। यद्यपि भावना का निषेध नहीं किया गया है परंतु काव्य में भावोद्रेक की बजाय विवेक को विशेष महत्व दिया गया है।

नव-अभिजात्यवाद (Neo-classicism)

नव-अभिजात्यवाद 14वीं-15वीं शताब्दी में पुनर्जागरण (Renaissance) ने सामान्य जन-जीवन में व्यक्ति स्वातन्त्रता एवं मानववाद की प्रतिष्ठा कर विचार जगत् में क्रान्तिकारी परिवर्तन ला दिया। इसी प्रवृति (पुनर्जागरण) का प्रभाव तात्कालीन कला-साहित्य पर भी पड़ा। पुनर्जागरण से बने बौद्धिक पर्यावरण ने कला-साहित्य को धार्मिक विधिविधानों एवं रूढ़िबद्ध आडम्बरो से मुक्त कर स्वतंत्रता का प्रसार किया। इस कारण से काव्य में कल्पना व स्वतंत्रता को काफी बल मिला।

परंतु जब कल्पना व स्वतंत्रता के अतिवादी प्रभाव ने अराजकतावादी पर्यावरण उपस्थित कर दिया तो प्रतिक्रिया स्वरूप शास्त्रावाद का पुनरुत्थान हुआ। यह प्राचीन रोमन अभिजात्यवादी (शास्त्रावादी) काव्यशास्त्रियों के विचारों-मान्यताओं का योरोपीयकरण एवं पुनः स्थापना थी।

वस्तुतः जब कभी प्राचीन अभिजात्यवादियों के विचारों का यह नवीनीकरण अंशतः या कुछ दिशा में असफल हुआ तो ये नवीन अभिजात्यवादी, छद्म अभिजात्यवादी (Pseudo-classicism) भी कहे जाते रहे हैं। विश्व साहित्य कोश के अनुसार - 'Neo-classicism- A movement towards the recovery of the spirit of ancient classical literature, in the renaissance (18th C.), strictly speaking only that modern work which succeeds in recapturing the spirit of the ancients is properly callsed new-classicial; work that fails to recapture that spirit is Pseudo-classical.[2]

रेनेवेलेक कहते हैं कि नव-अभिजात्यवाद अरस्तु व होरेस का 'विलयन' (fusion) है, उनके सिद्धान्तों की पुनरूत्पत्ति है, तीन शताब्दियों के दौरान तुलनात्मक रूप में कम बदलावो से गुजरे विचार हैं "New-classicism is a fusion of Aristotle and Horace, a restatement of their principles and views which underwent only comparatively minor changes during almost three centuries''.[3]

नव-अभिजात्यवाद में भी अभिजात्यवाद की तरह प्राचीन मूल्यों को महत्त्व दिया गया परन्तु, चूकि अधिक अनुकरण तथा परम्परा के प्रति रूढ़िबद्धता की प्रवृत्ति प्रतिभा व सर्जनशीलता के मार्ग में अवरोधक बनती है, अतः बाद के नव-अभिजात्यवाद ने रचना में परम्परा के अनुकरण से अधिक मूल्यों के अनुकरण में अपना विश्वास रखा। अभिजात्यवाद में चूँकि तर्क को प्रधान मानकर भावना की अवहेलना की गयी थी परंतु 20वीं शताब्दी में नव-अभिजात्यवाद में तर्क, विवेक के साथ अनुभूति एवं संवेदनशीलता को भी महत्व दिया जाने लगा जिससे भाव व तर्क के समन्वय को स्वीकार किया जाने लगा।

स्वछन्दतावाद (Romanticism)

स्वछन्दतावाद मुख्यतः अभिजात्यवाद की विरोधी प्रवृत्ति के रूप में जाना जाता है। यद्यपि स्वछन्दतावाद अभिजात्यवाद के काव्यशास्त्रीय सिद्धान्तों, परम्पराओं एवं वस्तुनिष्ठता के प्रतिरोध में खड़ा हुआ था परन्तु अमेरिकी क्रान्ति (1776) तथा फ्रांसीसी क्रांति (1789) ने इसके विकास में काफी योगदान दिया। स्वछन्दतावादी साहित्य में मानवतावादी दृष्टि एवं आत्मपरता के सिद्धान्त प्रायः उपरोक्त दोनों क्रान्तियों की ही देन है। साथ ही जर्मन साहित्यिक आंदोलन से भी स्वछन्दतावाद को व्यापक दृष्टि एवं प्रेरणा मिली।

स्वछन्दतावाद की प्रवृतियाँ वर्डसवर्थ, कॉलरिज, शैली, कीट्स आदि काव्यशास्त्रियों की रचनाओं पर आधरित हैं जो 'तार्किकता के विरूद्ध भाव

क़ा विद्रोह' के रूप में जानी जाती है। रूसो का प्रसिद्ध कथन- "Man is born free but is found every where in chains" पारम्परिक नियमों, आड़म्बरों, धार्मिक रूढ़ियों के विरूद्ध मनुष्य की स्वतंत्रता, स्वछन्दता की पुकार लगाता है।

सर्वप्रथम स्वछन्दतावाद का प्रादुर्भाव इग्लैंड व जर्मनी में हुआ। इग्लैण्ड में इस आंदोलन को राबर्ट बर्नस (Robert Burns -1759-96) तथा विलियम ब्लेक (Wiliam blake - 1757-1827) ने नयी दिशा दी। वस्तुतः इग्लैंड में वर्डसवर्थ (1770-1858) के साथ स्वछन्दतावादी आंदोलन का प्रारंभ हुआ। बाद में कालरिज, शैले, बायरन, सर वाल्टर स्काट की रचनाओं में यह आंदोलन अपने को स्पष्ट करते हुए विकसित हुआ।

जर्मनी में इस आंदोलन को 1798 ई. के लगभग फेड्रिक श्लेगल ने सैद्धान्तिक आधार प्रदान किया।

इग्लैंड व जर्मनी के लगभग 20 वर्षों के अन्तराल से 18वीं शताब्दी के अन्तिम दिनों में फ्रांस में भी स्वछन्दतावादी आंदोलन का विस्तार इटली, स्पेन, पुर्तगाल, रूस, पोलैंड तथा अन्य देशो में भी होने लगा- "In France, in Italy, Spain, Portugal, Russia, Poland, the New World etc. Romanticism is largely derivative"[4] ने नयी दिशा दी।

वस्तुतः इग्लैंड में वर्डसवर्थ (1770-1858) के साथ स्वछन्दतावादी आंदोलन का प्रारंभ हुआ। बाद में कालरिज, शैले, बायरन, सर वाल्टर स्काट की रचनाओं में यह आंदोलन अपने को स्पष्ट करते हुए विकसित हुआ।[5]

स्वछन्दतावाद की प्रमुख विशेषताएँ-

- वस्तुनिष्ठता की बजाय आत्मनिष्ठता पर बल।
- स्वछन्द भावाभिव्यक्ति।
- कल्पना को विवेक के बंधन से मुक्त कर उसके स्वछन्द प्रवाह को प्रोत्साहन।
- संवेदनाओं के जीवन को विचारों के जीवन पर प्रमुखता देते हुए गंभीरता की बजाय सौन्दर्य को महत्व।
- साहित्यिक परम्पराओं की रूढिबद्धता के प्रति विद्रोह।
- कल्पना पर अधिक बल देने के कारण रहस्योन्मुख दृष्टि।
- प्रकृति का वैयक्तिक (subjective) उद्घाटन अर्थात् वैयक्तिक अनुभूति के परिपेक्ष्य में प्रकृति वर्णन, न कि वस्तुनिष्ठ परिपेक्ष्य में।
- तर्क पर भावना का प्राधान्य

- नियमबद्ध कृत्रिम भाषा शैली के बजाय प्रयोगात्मक एवं सहज-सामान्य भाषा शैली पर विशेष बल।

आदर्शवाद (Idealism)

साहित्य में आदर्शवाद प्रवृति उच्च नैतिक आदर्शों को स्थापित कर समाज को कल्याणोन्मुख बनाती है। आदर्शवादी साहित्यकार अपनी रचना में समाज के लिए उदात्त तत्त्वों, नैतिक मूल्यों, मानवीय आदर्शों को स्थान देकर समाज को सही दिशा प्रदान करता है। वह धारणा जिससे प्रेरित होकर साहित्यकार ऐसे चरित्र अथवा ऐसी परिस्थितियों का चित्रण करता है जो मानव समाज के लिए अनुकरणीय है, साहित्य में आदर्शवाद कहलाती है।

जार्ज इलियट के अनुसार- 'A literary work on its creator is idealistic if the work emphasises the objectivity and obligativeness of moral and aesthetic values'.[6]

यथार्थवाद (Realism)

19वीं शताब्दी में विज्ञान प्रौद्योगिकी एवं आधुनिक समाजविज्ञानों के विकास ने पुरातन रूढियों एवं आडम्बरों को तोड़कर जनमानस के दृष्टिकोण को अधिक तथ्यवादी एवं तर्क प्रधान बना दिया। डार्विन के विकासवादी सिद्धान्त ने इस दिशा में महत्वपूर्ण भूमिका निभायी। उपरोक्त पृष्ठभूमि में आदर्शवादी आवरण एवं आडम्बरों को तोड़कर मानव दृष्टिकोण जीवन की स्थूल, एवं यथार्थ सच्चाईयों के प्रति उन्मुख हुआ। अतः इन्हीं सन्दर्भ के मध्यनजर यथार्थवादी साहित्य की रचना की गयी।

यथार्थवादी आन्दोलन सर्वप्रथम फ्रांस में आरंभ हुआ और 1850-1865 के बीच अपने चरम उत्कर्ष पर पहुच गया। जब (1857) पहली बार 'फ़्लौबैर' का उपन्यास 'मदान बोवारी' निकला तो उसे यथार्थवाद की (और आगे चलकर उतनी ही प्रकृतवाद की) विजय माना गया। एक अन्य अधिक यथार्थवादी उपन्यास गोनकूर बंधुओं का 'यार्मिनी लासंर्ता' (1865) था।[7]

वस्तुतः यथार्थवादी साहित्य जीवन का यथावत् रूप प्रस्तुत करता है। या यों कहें कि समाज व जीवन की निष्पक्ष परिणति करता है। यथार्थवादी रचना में व्यक्तिगत विचारों का स्थान नहीं होता बल्कि पर्यावरण में घटित हो रही घटना-स्थिति का यथार्थ प्रस्तुतिकरण होता है।

[1] Joseph T. Shipley; A Dictionary of World Literature, p.99. (उद्धृत - मिश्र, सत्यदेव, पाश्चात्य काव्य शास्त्र, पृ.314

[2] Ibid., p.400

[3] Wellek, Rene; 'A History of Modern Criticism, vol.1, p.6.

[4] Alex Preminger: Encyclopaedia of Poetry and Poetics, p.720 (उद्धृत- मिश्र, सत्यदेव, पाश्चात्य काव्यशास्त्र अधुनातन संदर्भ, लोकभारती, इलाहाबाद, प्र.सं. 2003, पृष्ठ 320)

[5]डॉ. शिवकरणसिंह, स्वछन्दतावाद एवं छायावाद का तुलनात्मक अध्ययन, पृष्ठ 2 (उद्धृत- मिश्र, सत्यदेव, पाश्चात्य काव्यशास्त्र, पृष्ठ 321द्ध

[6] Eliot, George; Tolstoy's later stories (Quoted from: Dictionary of World Literature, by Joseph T. Shipley, p.310)

[7] डॉ. नगेन्द्र, (प्रधान संपादक) पाश्चात्य काव्यशास्त्र सिद्धांत और वाद, पृ.110-111

3

काव्य सर्जनात्मकता और कवि-प्रतिभा

काव्य सर्जनात्मकता के संबंध में भारतीय और पाश्चात्य दोनों परम्पराओं में तात्त्विक रूप से विवेचन हुआ है। सर्जनात्मकता क्या है? काव्य की उत्पत्ति क्यों होती है? किस तरह सर्जनात्मकता प्रथमतः मानसिक व्यापार है? तथा किस रूप में सर्जनात्मकता विविध संस्कृतियों का आधारभूत तत्त्व है? जैसे प्रश्नों पर चिन्तकों का ध्यान सहज ही आकर्षित होता रहा है। यद्‌यपि सर्जनशीलता पर स्वतंत्र विचार-विमर्श तथा उसको नैसर्गिक मनोवृत्ति के रूप में विवेचन में आधुनिक मनोविज्ञान का महत्त्वपूर्ण योगदान रहा है तथापि सर्जनात्मकता के लिए प्रतिभा, शक्ति, व्युत्पत्ति, अभ्यास आदि साधनों पर पाश्चात्य और भारतीय परम्परा के मनीषियों ने गहन विचार किया है। साथ ही सर्जनात्मकता में सहायक तत्त्वों- अन्तःकेन्द्रण, अन्तःप्रेरणा, स्मरण, अनुभूति एवं अभिव्यक्ति जैसे पक्ष भी विवेचन के विषय रहे हैं।

प्रायः माना जाता है कि सर्जन प्रक्रिया के प्रारंभिक क्षणों में अन्तःकेन्द्रण आवश्यक होता है। अन्तःकेन्द्रण काव्य सर्जनात्मकता को उत्कृष्टता प्रदान करता है। अन्तःकेन्द्रण की यह शक्ति देशकाल, परिवेश, जीवनदशा के अनुसार घटती बढ़ती रहती है। भारतीय आचार्य वामन काव्य सर्जना के हेतु लोक, विद्‌या तथा प्रकीर्ण मानते हैं [1] तथा प्रकीर्ण के अन्तर्गत अवधन को ग्रहण करते हुए कहते हैं कि चित्त की एकाग्रता ही अवधन है। वामन का यह भी मानना है कि चित्त की एकाग्रता (अन्तःकेन्द्रण) देश-काल पर निर्भर करता है [2]।

राजशेखर भी समाधि व अभ्यास को शक्ति का उद्भावक मानते हैं[3]। समाधि अन्तःकेन्द्रण का ही विषय है। राजशेखर के अनुसार श्यामदेव नामक आचार्य का मानना है कि कवि कर्म में कवि की समाधि (अन्तःकेन्द्रण) अत्यन्त आवश्यक है[4]।

प्रायः भारतीय परम्परा में सर्जन प्रक्रिया के प्रथम क्षणों में देवतादि का स्मरण, वन्दनादि करना रचना की निर्विघ्न समाप्ति अन्तःकेन्द्रण एवं अन्तःप्रेरणा में सहायक माने गये हैं। प्रायः अन्तःकेन्द्रण के लिए अन्य बाह्य साधनों-उद्दीपनों का प्रयोग भी किया जाता देखा गया है। पाश्चात्य विद्वान शिलर सड़े हुए सेव की गंध-विशेष को अन्तःकेन्द्रण में सहायक मानते थे [6] ऐसे रचनाकार जिनमें एकाग्रता की कमी होती है, वो देश, काल के प्रभाव में आकर प्रायशः ऐसे उद्दीपनों का सहारा लेते हैं।

अन्तःकेन्द्रण के साथ ही अन्तःप्रेरणा भी काव्य रचना में महत्वपूर्ण कारक है। अन्तः पे्ररणा की शक्ति से ही सर्जक सर्जन प्रक्रिया में प्रवृत्त होता है। भारतीय और पाश्चात्य दोनों ही परम्पराओं में काव्यदेवी के रूप में दैवी प्रेरणा का योगदान काव्य उद्भव में सहायक माना गया है। प्रायः माना गया है कि काव्यदेवी की कृपा से शक्ति या प्रतिभा उत्पन्न होती है। और शक्ति या प्रतिभा से ही काव्यसर्जना संभव होती है। इसलिए काव्य रचना के आरंभ में मंगलाचरण के रूप में इष्टदेवतादि की वंदना, स्तुति की जाने की परम्परा रही है। नास्तिक मनीषियों के विषय में माना जाता है कि उनके भी पूर्वजन्मादि के संस्कार वर्तमान रचना-प्रक्रिया में उसकी रचना शक्ति को बढ़ाते है। अतः यदि वे वाग्देवी की वंदनादि न करें तब भी पूर्वजन्मों के संस्कारादि से स्वयमेव अर्थ ग्रहण हो जाता है।

पाश्चात्य परम्परा में भी प्राचीन समय से ही कविकर्म हेतु दैवी कृपा एवं प्रेरणा में विश्वास रहा है। होमर से रचना-प्रक्रिया के पहले मंगलाचरण की परम्परा की शुरूआत मानी जाती है। होमर अपनी रचना 'इलियड़' तथा 'ऑडीसी' के आरंभ में यूनानी देवता 'म्यूज' की वंदना करते हैं एवं अंतःप्रेरणा तथा निर्विघ्न समाप्ति की कामना करते हैं। यहाँ होमर भी काव्य रचना के मूल स्रोत को किसी दैवीय शक्ति में देखते है। पाश्चात्य विचारक पॉल वैलरी का मानना है कि किसी भी अच्छी कविता की पहली पंक्ति कवि को ईश्वर या प्रकृति की कृपा से मिलती है और शेषांश को कवि अपनी कल्पना प्रधन चिंतना या सर्जना शक्ति से पूरा करता है .... अन्तःप्रज्ञः और प्रातिभ कवियों को किसी ऊर्वर क्षण में अपनी अन्तःप्रेरणा से कोई ऐन्द्रजालिक सार्थक शब्द या अर्थ गौरव से युक्त भाव-मुखर पद मिल जाता है जिसे कवि बाद में अपनी कल्पना और व्युत्पन्नता से विस्तार

देता ह SA[7]

आधुनिक युग में रविन्द्रनाथ ठाकुर का मानना है कि कवि ऐसी बाँसुरी के समान है जिसमे ईश्वर स्वयं गीत फूंकता है [8]। रहस्यवादी विचारकों के लिए प्रेरणा की धारणा मार्गदर्शन का कार्य करती है। तथा प्रतिभा के दैवीय उद्भावन की धारणा में यह अपने आपको पुष्ट करती है। क्योंकि भारतीय और पाश्चात्य दोनों परम्पराओं में प्रायः माना जाता है कि कवि किसी अलौकिक शक्ति के अधीन रहता हुआ अपने कर्म में लीन रहता है, वह तो केवल माध्यम मात्र है। काव्य रचना की सामर्थ्य-शक्ति वह जन्मजन्मादि के संस्कारों व दैवीय कृपा से ही प्राप्त करता है।

यद्यपि कुछ आधुनिक विचारक रहस्यवादीयों की इस धारणा में विश्वास नहीं करते हैं। जैसे आचार्य रामचन्द्र शुक्ल का मानना है कि ‘रहस्यवाद मुख्यतः धर्म और दर्शन के क्षेत्रा की वस्तु है। काव्य से उसका सीधा सन्बन्ध नहीं है[9]।

परंतु फिर भी कुछ आलोचक जो काव्य रचना को चेतना प्रयास मानकर प्रेरणा के सिद्धान्त को कम महत्त्व देते हैं वो भी किसी न किसी रूप में दैवीय प्रेरणा को मानते हुए प्रतीत होते हैं।

पाश्चात्य विचारकों शेक्सपीयर, ड्राइड़ेन, ब्लेक, कॉलरिज, बादलेयर, रिम्बों, मिल्टन, दान्ते आदि लगभग सभी काव्यज्ञों ने प्रेरणा में विश्वास व्यक्त किया है। यूरोपीय काव्यशास्त्र का प्रतीकवादी आन्दोलन प्रायः प्रेरणा के सिद्धान्त पर ही आधरित है। प्लेटो के “फेड्रस” (Phaedrus) नामक संवाद में काव्यप्रेरणा के संबंध में सुकरात से इआन को कहलवाते है कि - फ्जो शक्ति तुम्हे प्राप्त है, वह ‘कला’ नहीं है, किन्तु जैसा कि मैंने अभी बताया है, वह प्रेरणा है। तुम्हें एक दैवी शक्ति परिचालित कर रही है...क्योंकि सभी उत्कृष्ट कवि, चाहे वे महाकाव्य के प्रणेता हों अथवा प्रगीत के, अपने सुन्दर काव्य की रचना कला द्वारा नहीं करते, अपितु उस प्रेरणा द्वारा करते हैं, जो उन्हें प्रेरित (inspired) और अभिभूत (Possed) करती है। और जैसे कोरिबेण्टियन आमोद-प्रमोद करने वालों के मन में नृत्य करते समय विक्षेप होता है वैसे ही मुक्तक रचने वाले कवियों के मन में भी विक्षेप होता है, जब वे अपने मधुर गीतो की रचना करते हैं...जैसा कि मुक्तक-रचयिता कवि स्वयं कहते हैं...वे अपने गीत मधुर स्रोतों से ग्रहण करते है एवं म्यूज (Muses)(यूनानी देवता-म्यूज (Muses) यूनानी पौराणिक कथाओं में कला और विज्ञान की देवियाँ थीं। वे ज़्यूस और मेमोसाइन की पुत्रियाँ मानी जाती हैं। म्यूज कुल नौ थीं, और प्रत्येक म्यूज एक विशेष कला या विज्ञान की संरक्षक थी) के उपवनों से चुनकर एकत्र करते है, जहाँ वे मधुमक्खी की भाँति एक कुसुम से दुसरे कुसुम तक विचरण

करते है, और यह सत्य है, क्योंकि कवि अल्पभार, पंखिल एवं पवित्र प्राणी होता है, जो नवनिर्माण का कार्य तभी सम्पन्न कर सकता है जब वह प्रेरित होता है तथा उसके मन में विक्षेप होता है[10]। इस तरह प्लेटो सर्जनात्मक प्रक्रिया को देवी स्फुरण मानते हुए अबोधपूर्वा मानते है एवं कवि को अन्तःप्रेरित (inspired) एवं आविष्ट (possed) मानते है।

प्रेरणा की यह शक्ति निरंतर प्रतिभासित नहीं होती है बल्कि प्रेरणा किसी शुभ समय में क्षणिक रूप में मिलती है। इस संदर्भ में पाश्चात्य विचारक शैली का कथन है कि कविता तर्क की भाँति कोई ऐसी शक्ति नहीं है, जिसका व्यवहार इच्छापूर्वक किया जा सकता है। कोई आदमी यह नहीं कह सकता है कि मैं कविता करूँगा। बड़ा-से-बड़ा कवि भी यह नहीं कह सकताः क्योंकि सर्जनशील मन बुझते हुए अंगारे की भाँति होता है, जिसे कोई अदृश्य हवा के अस्थिर झोके की भांति जगाकर क्षणभर के लिए, प्रज्ज्वलित कर देता है[11]।

इस तरह अन्तःप्रेरणा कि धारणा काव्य निर्माण में कवि के अचेतनत्व को पुष्ट करती है।

अन्तःप्रेरणा तथा अन्तःकेन्द्रण के साथ ही स्मरण भी सर्जन प्रक्रिया का प्रमुख घटक है क्योंकि भूत व वर्तमान के अनुभव तथा संस्कारों (वासनाओं) के आधर पर कवि स्मरण शक्ति के सहयोग से सुन्दर सृष्टि करता है।

सर्जनात्मकता में अनुभूति एवं अभिव्यक्ति महत्वपूर्ण पक्ष होते हैं। अनुभतियाँ हमारे मस्तिष्क में वासना रूप में रहती हैं। भारतीय चिंतन में माना जाता है कि पूर्वजन्म के संस्कार उचित परिस्थितियों में व्यक्त होते रहते है [12]।

आधुनिक मनोविज्ञान में पूर्वजन्म के संस्कारों की अपेक्षा इस जन्म में भोगी हुई अनुभूतियो के संस्कारों को महत्त्व दिया जाता है। साथ ही मनोवैज्ञानिक विश्लेषणवादी तथा पाश्चात्य विचारक अचेतन अनुभवों का सर्जना में विशेष योगदान मानते हैं। तथा काव्य सर्जन प्रक्रिया को अचेतन मानते है। वर्ड्सवर्थ के अनुसार- Poetry is the spontaneous overflow of powerful feelings[13].

काव्य को भावों का सहज उच्छृंखलन मानकर वर्डसवर्थ सर्जन प्रक्रिया के लिए तर्क तथा विशेष नियमों के अनुसरण को आवश्यक नहीं मानते है। स्वछन्दतावाद को प्रतिष्ठित कर वर्डसवर्थ ने काव्य में शिल्पपक्ष को कम महत्त्व दिया है।

सर्जन प्रक्रिया के अचेतन स्वरूप को इंगित करते हुए पाश्चात्य विचारक कीट्स लिखते हैं कि "Poetry should come as naturally as the leaves to a tree [or] it had better not come at all."[14] अर्थात् काव्य का आगमन

स्वभाविक होना चाहिए, जिस तरह वृक्ष में पल्लव अन्यथा इसका न होना ही ज्यादा अच्छा है।

उपरोक्त कथनों का यह अर्थ नहीं है कि सर्जन प्रक्रिया में बाहरी तत्वों भाषा प्रयोग, तकनीक, काव्य सिद्धान्तों का महत्त्व नहीं है। बैरन लिखते है कि- Beside being markedly intuitive, creative writers as a class are of unusually high conceptual and verbal inteligence[15] अर्थात् अद्भूत अन्तःप्रज्ञा के साथ सर्जनशील रचनाकार धारणा की उपयुक्त शक्ति से युक्त तथा शाब्दिक योग्यता से परिपूर्ण होते हैं।

इसी तरह के विचार स्टीफेन स्पेंडर के है- कविता लेखन एक प्रक्रिया है जो कवि से कतिपय योग्यताओं का आग्रह करती है। इसके लिए कवि में अन्तर्दृष्टि, कल्पना स्मृति जैसी विशेषताओं की अपेक्षा की जाती है। उसमें बिम्बों में विचार करने की शक्ति तथा भाषा पर पूर्ण अधिकार की योग्यता होनी चाहिए[16]।

वस्तुतः अनुभूति एवं अभिव्यक्ति सर्जन प्रक्रिया के दो स्तर है। अनुभूति आन्तरिक पक्ष है तथा अभिव्यक्ति बाह्य पक्ष है अभिव्यक्ति को चेतन पक्ष भी कह सकते है। अभिव्यक्ति के द्वारा ही सर्जक अमूर्त विचारों (अचेतन) को मूर्त रूप (चेतन) में प्रकट करता है। इस हेतु कवि की अनुभूति एवं अभिव्यक्ति में प्रकृत सामन्जस्य होना चाहिए।

सर्जक के लिए आवश्यक है कि वह जो अनुभूत करे उसे समाज के सम्मुख अभिव्यक्त करे और इसके लिए उसे भाषा की सहायता लेनी पड़ती है या फिर अन्य कलाओं के माध्यम से अभिव्यक्त करना पड़ता है। सच्चा कलाकार अपनी मर्जी के साथ माध्यम की मर्जी को एकमेव कर देता है [17]।

[1] लोकोविद्याप्रकीर्णश्चच काव्यांगानी। वामन, काव्यालघड्ढारसूत्रावृत्ति, 1.3.2

[2] चित्तैकाग्रयमवधनम्। तद्देशकालाभ्याम्। - वामन, काव्यालघड्ढारसूत्रावृत्ति, 1-3-12&18

[3] तावुभावपि शक्तिमुद्भासयन्तः। - राजशेखर, काव्यमीमांसा, चतुर्थ अध्याय।

[4] काव्य कर्मणि कवेः समाधि परं व्याप्रियेत इति श्यामदेवः। - राजशेखर, काव्यमीमांसा।

[5] मनसिसदा सुसमाधि व विस्फुरणमनेकधभिधेयस्य।

अक्लिष्टानि पदानि च विभान्ति यस्यामसौ शक्तिः।। -रूद्रट, काव्यालंकार, 1.15

[6] शिलर,.......। (उद्वृतः विमल, डॉ कुमार, काव्य रचना प्रक्रिया, बिहार हिन्दी ग्रंथ अकादमी, संस्करण-2000, पृ.11)

[7] वहीं, पृ -11

[8] द्विवेदी, डॉ राम अवध, साहित्य-सिद्धांत, बिहार राष्ट्रभाषा परिषद, पटना, पृ.3

[9] वहीं] पृ-3

[10] Plato, Fedrus, (उद्दत- द्विवेदी, डॉ. राम अवध, साहित्य -सिद्धांत, बिहार राष्ट्रभाषा परिषद)।

[11] शैली, (उद्धृत- द्विवेदी, डॉ. राम अवध, साहित्य सिद्धांत, पृ.6)

[12] प्राक्तनाद्य...।

[13] वड्र्सवर्थ, विलियम, प्रिफेस (बायोग्राफिया लिटेरेरिया)

[14] Y.B. Keats, (उद्वृत- अग्रवाल, निशा, सृजनशीलता और सौन्दर्यबोध, हिन्दी साहित्य सम्मेलन प्रयाग, 1985, पृ.175)

[15] Baykon Frank; creativity and psychalogical Health (उद्वृत- अग्रवाल, निशाः सृजनशीलता और सौन्दर्यबोध, पृ. 176)

[16] स्पेंडर, स्टीफन, कविता का निर्माण (उद्वृत- अग्रवाल, निशा, सृजनशीलता और सौन्दर्य बोध, पृ. 177)

[17] Eric Newton; The meaning of Beauty; Longmans Green and Co.; London 1950 (उद्धृत-अग्रवाल, निशा, सृजनशीलता और सौन्दर्यबोध)

4

काव्य सर्जनात्मकता की मनोवैज्ञानिक दृष्टि एवं कवि-प्रतिभा

स्टाइन बर्ग का सर्जनात्मकता एक ऐसा गुण है जिसके साथ मनुष्य जन्म लेता है। यह प्रतिभा है, अद्‌वितीय शक्ति है, क्षमता है [1] यहाँ बर्ग सर्जनात्मकता को जन्म से ही प्राप्त मानता है। परन्तु अपने अन्य दृष्टिकोण के अनुसार बर्ग मानता है कि- सर्जनात्मकता एक योग्यता न होकर मनोवृत्ति है। यह वातावरण के प्रति व्यवहार का एक ज्ञानात्मक, शैलीगत एवं संवेगात्मक प्रकार है[2]।

यहाँ बर्ग सर्जनात्मकता को किसी दैवीय शक्ति की कृपा न मानकर पर्यावरण में होने वाले क्रियाओं के प्रतिपफलन के रूप में देखता है। मनुष्य पर्यावरण को प्रभावित भी करता है तथा स्वयं भी प्रभावित होता है- ‘Creativity is a resultant process of social Transaction. Individuals effect and are effected by the environment in which they live. They do not interact with their environment without changes occuring in both directions"[3].

काल्बिन टेलर आदि मनोवैज्ञानिकों का मानना है कि सर्जनात्मकता सभी व्यक्तियों में होती है परंतु उनकी अभिव्यक्ति में अन्तर होता है। ऐसा नहीं है कि सामान्य जन में यह शक्ति नहीं होती, अन्तर केवल मात्रा विशेष का होता है- "First, Psychologists are convinced that all people are to some degree potentially creative, including persons of all ages, all cultures and all field of human endeavour. Second, individuals differ in their degree of creative potential for various fields of activity and in the words of expression of their creativness"[4].

सर्जनात्मकता काल के आयाम में घटित एक प्रक्रिया है जो मौलिकता, तदनुकूलता एवं अनुभव से मुक्त होती है- "Creativity is a process which has a time dimension and which involves originality, adaptiveness and realisation"[5].

सर्जनात्मकता को मानसिक प्रक्रिया के साथ शारीरिक प्रक्रिया के रूप में व्याख्यायित करते हुए हेरॉल्ड रॉग लिखते हैं कि -तनाव, शरीर और मानस दोनों का होता है, यह जैविक, मनोवैज्ञानिक है। शारीरिक तनाव, शारीरिक ऊर्जा के स्रोत हैं, मनोवैज्ञानिक तनाव मनोवैज्ञानिक ऊर्जा के। दोनों तनावों की आवश्यकता भी कहा जाता है क्योंकि तनाव कार्य करने की आवश्यकता है। ये भी विविध हैं- शारीरिक या संचालक और मनोवैज्ञानिक आवश्यकता या प्रयोजन (motives)[6]

आधुनिक मनोविज्ञान में सर्जनशीलता के मूल में एक धारणा और उभर रही है कि सर्जनशीलता के मूल में कोई न कोई समस्या रहती है। अतः समस्या ग्रसित व्यक्ति चेतन अचेतन रूप से उसके समाधन के लिए प्रयत्नशील रहता है। ऐसी अवस्था में यदा-कदा उसके मन में समाधन उपस्थित हो सकता है और यह समाधन सर्जनात्मकता का ही अंग माना जाएगा। इस प्रकार सर्जन क्रम में तनाव विराम, विराम तनाव का एक सतत चक्र कायम हो जाता है जिसमें जीवन्त आवश्यकता तथा संकल्प की मैत्री हो जाती है। जब जीवन्त आवश्यकता के विरूद्ध संकल्प हावी हो जाता है तभी सर्जन का ह्रास या अवमान होता है। सर्जन में शरीर-मस्तिष्क एक अविच्छेद्य जीवन्त सम्पूर्ण है[7]।

मनोवैज्ञानिक मानते हैं कि बुद्धि और सर्जनात्मक प्रतिभा दो अलग-अलग है। यह जरूरी नहीं है कि जो कुशाग्र बुद्धि हो वह सर्जन शक्ति से भी युक्त हो। इस विषय में डव्लू. स्टेफेन्सन लिखते हैं कि "One is characterised by cognitive complexity and the other by first pregnancy with newly expressed emotions"[8].

बुद्धि की पहचान ज्ञानात्मक जटिलता से तथा सर्जनशीलता की पहचान नव-नव भावों की अभिव्यक्ति से होती है। काल्विन टेलर भी सर्जनात्मकता के लिए केवल ज्ञान को ही पर्याप्त नहीं मानते है- "In other words, Sheer Mastery of knowledge does not seem to be a sufficient condition for creative performance"[9].

Encyclopeadia of Psychology के अनुसार सर्जनशीलताः यह नवीन संबंधे को देखने की योग्यता, असाधरण विचारों को उत्पन्न करने की शक्ति तथा परम्परागत चिन्तन पद्धति से अलगाव की प्रवृत्ति है [10].

आधुनिक मनोविज्ञानवेत्ता मैस्लो सर्जनात्मकता को पुरूषार्थ के रूप में व्याख्यायित करते हैं - ऐसा लगता है कि जैसे एक परम पुरूषार्थ हो जिसे बहुध कहा जाता है जैसे आत्माभिव्यक्ति, आत्मसिद्धि, योग, मनोवैज्ञानिक स्वास्थ्य, व्यक्तित्त्व सम्पादन, स्वातन्त्रय, प्रतिभा, सर्जन किन्तु इस पर सबकी सहमति है कि इसका अर्थ है व्यक्ति की संभावनाओं को सिद्ध करना अर्थात् पूरी तरह से मनुष्य बनना, जो कुछ भी बनने की मनुष्य में संभावना है[11].

मनोविश्लेषण पद्धति के जनक सिगमंड फ्रायड ने अनुभव किया की सम्मोहन के क्षणों में अन्तर्मन की अनुभूतियों तक पहुचा जा सकता है। फ्रायड मनोविश्लेषण को गत्यात्मक मानते हैं। उनके शब्दों में -A dynamic conception which reduces mental life to the interplay of reciprocally urging and checking forces - अर्थात मनुष्य का मानसिक जीवन प्रेरक एवं नियंत्राण की शक्तियों की पारस्परिक अन्योन्याक्रिया के रूप में गतिमान रहता है [12]।

फ्रायड मन के तीन भाग मानते है अचेतन मन (unconscious)] अर्ध-चेतन (preconscious)] और चेतन (conscious) फ्रायड के अनुसार[13] चेतन मन सामाजिक नैतिकता तथा मूल्यों से युक्त होता है तथा अचेतन मन दमित इच्छाओं तथा वासनाओं से ओतप्रोत होता है। अचेतन मन की दमित इच्छाएं जब चेतन मन पर पड़ती है तो दोनों में द्वन्द्व होता है क्योंकि चेतन मन के मूल्य तथा संस्कार अचेतन मन के दमित, अनैतिक तथा असामाजिक वासनाओं का विरोध करते हैं। तथा इसी प्रतिरोध एवं दमनात्मक क्रिया के कारण निर्मित वर्जनाओं से दो तरह की स्थिति उत्पन्न होती है-

प्रथम कभी तो ये दमित वासनाएं तथा इच्छाएं चेतन मन की सामाजिक नैतिकताओं तथा संस्कारों को तोड़ती हुई असामाजिक तथा मानसिक विकृतियों के रूप में अपने आपको अभिव्यक्त करती है।

द्वितीय- परंतु जब कभी ये अचेतन मन की इच्छाएँ तथा वासनाएं चेतन मन के मूल्यों, संस्कारों तथा सामाजिक नैतिकताओं का सम्मान करते हुए अपने को उदात्त तथा परिष्कृत रूप में अभिव्यक्त करती है तो ऐसी स्थिति में काव्य, कला को जन्म देती है।

इस तरह कवि के अचेतन मन में केन्द्रित संचित वासनाओं, यौन वर्जनाओं, संस्कारों, भोग लिप्साओं का वह सामाजिक नैतिक भय के कारण रूपकों, उपमानों तथा कल्पनाओं का सहारा लेते हुए अभिव्यक्त करता है। अतः काव्य इन संचित वासनाओं का संशोधित रूप ही है।

इस तरह फ्रायड कामवृत्ति की भावना को सर्जना की मूल प्रेरणादायक शक्ति के रूप में देखते हैं। चूँकि कवि कल्पना शक्ति से युक्त होता है अतः वह अपने अहं तथा अत्यहम्, साथ ही समाज के भय से अपनी कामवृत्तियों, यौनवर्जनों को काम प्रतीकों के रूप में प्रकट करने लगता है। इस तरह काव्य ही नहीं बल्कि अन्य कलाएं भी काम-प्रतीकों का ही पुनर्निर्माण है।

फ्रायड के समकालीन मनोवैज्ञानिक कार्लगुस्ताव जुंग[14] (1875&1961) चेतन मन सामाजिक नैतिकता तथा मूल्यों से युक्त होता है तथा अचेतन मन दमित इच्छाओं तथा वासनाओं से ओतप्रोत होता है। अचेतन मन की दमित इच्छाएं जब चेतन मन पर पड़ती है तो दोनों में द्वन्द्व होता है क्योंकि चेतन मन के मूल्य तथा संस्कार अचेतन मन के दमित, अनैतिक तथा असामाजिक वासनाओं का विरोध करते हैं। तथा इसी प्रतिरोध एवं दमनात्मक क्रिया के कारण निर्मित वर्जनाओं से दो तरह की स्थिति उत्पन्न होती है-

प्रथम कभी तो ये दमित वासनाएं तथा इच्छाएं चेतन मन की सामाजिक नैतिकताओं तथा संस्कारों को तोड़ती हुई असामाजिक तथा मानसिक विकृतियों के रूप में अपने आपको अभिव्यक्त करती है।

द्वितीय- परंतु जब कभी ये अचेतन मन की इच्छाएँ तथा वासनाएं चेतन मन के मूल्यों, संस्कारों तथा सामाजिक नैतिकताओं का सम्मान करते हुए अपने को उदात्त तथा परिष्कृत रूप में अभिव्यक्त करती है तो ऐसी स्थिति में काव्य, कला को जन्म देती है।

इस तरह कवि के अचेतन मन में केन्द्रित संचित वासनाओं, यौन वर्जनाओं, संस्कारों, भोग लिप्साओं का वह सामाजिक नैतिक भय के कारण रूपकों, उपमानों तथा कल्पनाओं का सहारा लेते हुए अभिव्यक्त करता है। अतः काव्य इन संचित वासनाओं का संशोध्ति रूप ही है।

इस तरह फ्रायड कामवृत्ति की भावना को सर्जना की मूल प्रेरणादायक शक्ति के रूप में देखते हैं। चूँकि कवि कल्पना शक्ति से युक्त होता है अतः वह अपने अहं तथा अत्यहम्, साथ ही समाज के भय से अपनी कामवृति की तरह काव्य को अचेतन मन का व्यापार नहीं मानते हैं यद्यपि उद्गम स्रोत अचेतन मन ही होता है। उनके अनुसार काव्य चेतन क्रिया है। रचनाकार अपने सामने कुछ उद्देश्य

रखकर रचना करता है अतः वह बड़ी सजगता एवं सावधनी के साथ रूप विधान करता है। जुंग मानता है कि मनोविज्ञान की सहायता से काव्य के केवल रूपविधन की व्याख्या की जा सकती है। जुंग के अनुसार दो प्रकार के व्यक्तिव के मनुष्य होते हैं-अन्तर्मुखीत्तयों, यौनवर्जनों को काम प्रतीकों के रूप में प्रकट करने लगता है। इस तरह काव्य ही नहीं बल्कि अन्य कलाएं भी काम-प्रतीकों का ही पुनर्निर्माण है।

फ्रायड के समकालीन मनोवैज्ञानिक कार्लगुस्ताव जुंग (Introvert) तथा बहिर्मुखी (Extrovert)A इनमें से अन्तर्मुखी आत्मनिष्ठ होता है, आत्मकेन्द्रित होता है, इसकी प्रवृत्ति भीतर की ओर होती है। कम आत्मविश्वासी एवं कुण्ठित होने वाला, अव्यवहारिक, असामाजिक एवं संकोची होता है। अपनी सम्पूर्ण शक्ति को 'स्व' पर केन्द्रित रखने के कारण इस तरह के व्यक्ति कल्पनाशील, एकान्त में रहने वाला, चिन्तनप्रधन एवं पलायनवादी होता है।

अन्तर्मुखी के विपरीत बहिर्मुखी की शक्ति सामाजिक तथा बाहरी पर्यावरण की तरफ अधिक रहती है। यह वस्तुनिष्ठ होता है। अधिक आत्मविश्वासी होता है, उत्साही, सामाजिक और व्यवहारिक होता है। साथ ही चिन्तनशीलता की बजाय क्रियाशील होता है।

जुंग का मानना है कि प्रत्येक व्यक्ति में थोड़ी बहुत मात्रा में दोनों व्यक्तिव रहते हैं परंतु किसी एक की प्रधानता रहती है। जुंग का मानना है कि दोनों प्रकार के व्यक्तिव में चार प्रकार की मानसिक शक्तियाँ रहती है-विचार (thinking)] संवेदन (Sensation)] भाव (Feeling) एवं सहज ज्ञान (intuition) जुंग इन मानसिक शक्तियों को ही मुख्य प्रेरक शक्ति के रूप में देखते हैं। जुंग के अनुसार काव्य सर्जना चेतन क्रिया है परंतु रचनाकार रचनाविधन में इतना मग्न हो जाता है कि उसे यह भी भान नहीं रहता है कि वह रचना कर रहा है। इस क्रिया में प्रायः अन्तर्मुखी अधिक सफल रहते हैं जबकि बहिर्मुखी व्यक्ति चिन्तन धरा से दूर चले जाते है। अन्तर्मुखी व्यक्ति में अपने उद्‌देश्य के प्रति विवेकपूर्ण ढंग से विषय के चयन एवं उपयोग की शक्ति अधिक होती है। जुंग मानता है कि काव्य कला का उद्‌गम स्रोत अचेतन मन ही होता है। अचेतन मन में संस्कार एवं अनुभव संचित रहते हैं जो अन्तवृत्तियों एवं बहिर्वृत्तियों के उचित तालमेल से काव्य, कला के रूप में प्रकट होते रहते हैं।

एडलर के अनुसार[15] प्रत्येक मनुष्य में श्रेष्ठत्व (Superiority) की भावना रहती है। वह अपने आपको अपने लक्ष्य के समक्ष स्थापित करना चाहता है। यह श्रेष्ठत्व है जिसके कारण वह जीवन की सभी उपलब्धियों एवं अहं स्थापन

(Self-Assertion) के भाव को साथ लेकर चलता है। एडलर श्रेष्ठत्व की भावना के कारणो में ही विकास की व्याख्या करते हैं- It runs parallel to physical growth. It is an instinct necessity of life itself...All our functions follow its directions: rightly or wrongly they strive for conquest, surety, increase...The urge fron 'blow' to 'Above' never ceases.... the fundamental fact of our life[16].

इस श्रेष्ठत्व भाव को एडलर श्रेष्ठत्व ग्रन्थि (Superiority Complex) कहते हैं। इस श्रेष्ठत्व ग्रन्थि के मूल में हीनता ग्रन्थि (Inferiority Complex) होती है। चूंकि मनुष्य इस हीन भावना को दूर करने के लिए जीवन के अनेक क्षेत्रों में श्रेष्ठ करने की कोशिश करता है और इसी श्रेष्ठ करने की भावना के कारण काव्य सर्जना होती है। इस तरह एडलर आत्म प्रकाशन की प्रवृत्ति को सर्जनात्मक प्रेरणा के मूल में रखते हैं।

संदर्भ-

[1] Staine Berg: (Quoted in "introduct - creativity: Its educational Implication-- Ed. J.C. Gowan, Demos & ToÙkence Pub. John, Wiley and Sons Inc. N.Y. (C) 1967, (उद्दत- डॉ. निशा अग्रवाल, सृजनशीलता और सौन्दर्य बोध)

[2] Ibid.

[3] Ibid.

[4] Quoted, creativity: progress and potential, Ed. Calvin W. Taylor; McGraw Hill Book Co., New York, Loundo, 1964, page- 178 (उद्दत- डा. निशा अग्रवाल, सृर्जनशीलता और सौन्दर्य बोध)

[5] Quoted, Creativity: Its educational Implication. page 228. (उद्दत- डा. निशा अग्रवाल, सृर्जनशीलता और सौन्दर्य बोध)

[6] Harold Rug; Imagination, Harper & Rug, New York, 1963, p.57 (उद्दत- डा. निशा अग्रवाल, सृर्जनशीलता और सौन्दर्य बोध)

[7] मेघ, रमेश कुन्तक, अथातो सौंदर्य जिज्ञासा, दि मैकमिलन क. आपफ ई. लि., नयी दिल्ली, प्रथम संस्करण - 1977, पृष्ठ 199 (उद्दत- डा. निशा अग्रवाल, सृर्जनशीलता और सौन्दर्य बोध)

[8] W. Stephenson; Testing school children, p.64 (उद्दत- डा. निशा अग्रवाल, सृजनशीलता और सौन्दर्य बोध्, पृ. 39)

[9] Taylor, Calvin; essay predictors of creative performance (quoted in cretivity: progress and potential Ed. Calvin W. Taylor

McGrow Hills book Co: N.Y. Loundo 1964; p.17) (उद्दत- डा. निशा अग्रवाल, सृजनशीलता और सौन्दर्य बोध)

[10] Encyclopeadia of Psycology (उद्दत- डा. निशा अग्रवाल, सृजनशीलता और सौन्दर्य बोध)] 39)

[11] Maslow, A.H.; 'Toward A Psychology of Being; D. Van Nastrand Co. Inc., Princeton, New Jersey, New York, 1962, page-145(उद्दत-डा. निशा अग्रवाल, सृजनशीलता और सौन्दर्य बोध) - 39)

[12] The Encyclopeadia Americana, vol.22, p.733b. (उद्दत- मिश्र, सत्यदेव, पाश्चात्य काव्यशास्त्र, अद्‌युनातन संदर्भ, 2003, पृ.254)

[13] Freud, Sigmund; (1) An outline of Psychoanalysis (ii) The Relation of the Poet to day Dreaming (Easay)

[14] जुंग, कार्लगुस्ताव, मॉडर्न मैन

[15] Adler, Alfred; The Practice and theory of Individual Psychology (उद्‌वृतः सत्यदेव मिश्र, पाश्चात्य काव्यशास्त्र)

[16] Alder, 1930, pp.398-99 (quoted from 'A History of Modern Psychology, P.297. & पाश्चात्य काव्यशास्त्र, मिश्र, सत्यदेव, पृ.258-59)

5

काव्य सर्जना : मनोवैज्ञानिक दृष्टि की आवश्यकता

मनोविज्ञान के विकास के पूर्व मन के क्षेत्रा के विषय में यद्यपि काफी अध्ययन मनन किया जा चुका था परंतु तब यह वैज्ञानिक पद्धति पर आधरित न होकर अन्तःप्रज्ञा के रूप में ज्ञेय था। उस समय सर्जक को पारलौकिक शक्तियों से युक्त माना जाता था। सर्जक के मन की प्रक्रिया (प्रणाली) को खण्डों में बांटकर उसके नियामक तवों का अध्ययन नहीं किया गया था।

भारतीय परम्परा में काव्यहेतुओं के रूप में सर्जन-प्रक्रिया को समझने का प्रयास किया गया था परंतु उसमें भी प्रधानता जन्म जन्मान्तर के संस्कारों व दैवी कृपा को ही मिली हुई थी। पाश्चात्य परम्परा में भी इसके मूल में सहजानुभूति को ही ग्रहण किया गया था।

मनोविज्ञान के विकास के पूर्व कला को इस कद्र प्रतिष्ठा प्राप्त थी कि उसके प्रति वैज्ञानिक एवं तटस्थता के भाव के स्थान पर श्रद्धा के भाव को सर्वोपरि स्थान दिया गया था।

आधुनिक युग में मनोविज्ञान का विकास होने पर मनोविज्ञानिकों को महसूस हुआ कि चूंकि कला में मानस क्रियाओं की महती भूमिका होती है अतः कलाकार के मन की कार्यप्रणाली का वैज्ञानिक एवं तटस्थ अध्ययन किया जाना चाहिए। इस विषय में प्रसिद्ध मनोविज्ञानी जुंग का मानना है कि यह तो बिल्कुल सत्य

है कि मनोविज्ञान मन की प्रक्रियाओं का अध्ययन करता है अतः उसे साहित्य के अध्ययन का भी माध्यम बनाया जा सकता है क्योंकि मानव मन सभी विज्ञानों और कलाओं का जनक है [1]।

काव्य के क्षेत्रा में मनोविज्ञान के बढ़ते प्रभाव को देखकर अनेक प्रतिक्रियाएं उठने लगी। डेसमंड मेकार्थी जैसे पाश्चात्य विचारकों ने काव्य में मनोविश्लेषण को मूढ़ता का प्रदर्शन कहा। मनोविज्ञानी पहले मानसिक अवस्थाओं और मानवीय प्रवृत्तियों का अतिरंजित रूप में, जो विक्षिप्त अथवा घोर मनस्तापी में दिखायी देती है, अध्ययन करता है और नाना प्रकार की विकृतियों का वर्गीकरण प्रस्तुत करता है। इसके बाद प्रख्यात रचनाकारों में वह कुछ ऐसी प्रवृतियां ढूंढ निकालता है, जो उसे पागलों के अध्ययन में मिली थी और उन प्रवृत्तियों पर वह पागलखाने की संज्ञाएं भी थोप देता है। चिकित्सक-मनोवृत्ति का समालोचक यह सोचता है कि महान् सृष्टा बाहर न रहकर चिकित्सालय के भीतर रोगी के रूप में भी रह सकते थे। वह कलाकार में बस उन्हीं तत्वों को देखता है जो पागलपन में मिलते हैं, इसके सिवा कुछ नही [2]।

इस तरह मनोविश्लेषण को साहित्यालोचन में अप्रासंगिक समझा जाने लगा। परंतु काव्य जगत में पूर्ण रूप से इस विचार को मान्यता नहीं मिली और ए.डब्ल्यू. रैम्जे [3] जैसे विचारकों ने माना कि हमें उस चीज से दूर नहीं भागना चाहिए जो कला को समझने में हमें नयी दृष्टि प्रदान कर सकती है।

रीड़ मनोविश्लेषण के पक्ष में तर्क प्रस्तुत करते हुए कहता है कि कला और विज्ञान सत्य का अनुसंधान और उपस्थापन करने की अलग-अलग प्रणालियाँ है। किन्तु जब विज्ञान का ऐसा विभाग स्थापित हो गया जिसका विवेच्य विषय मन ही है, तो एक नयी परिस्थिति उठ खड़ी हुई क्योंकि विज्ञानी मानव मन की उन सृष्टियों के, जिन्हें हम कला कहते हैं, सम्पर्क में आये बिना या उन्हें स्वीकार किये बिना, इस प्रदेश का अनुसंधान नहीं कर सकता था। दूसरे शब्दों में कहा जा सकता है कि मनोविज्ञान साहित्य समालोचक के क्षेत्र पर आक्रमण करता है, उसे नष्ट-भ्रष्ट कर देता है और उसे अचेतन पूर्वाग्रहों की ओर खदेड़कर शून्य के रूप में छोड़ जाता है... मैं धीरे धीरे मनोवैज्ञानिक ढंग की साहित्यिक समालोचना की ओर खींचता चला गया हूँ, क्योंकि मैंने यह समझा है कि मनोविज्ञान से, विशेषतः मनोविश्लेषण की पद्धति से, कवि के व्यक्तित्व, काव्य के शिल्प और कविता के रस-ग्रहण से संबद्ध अनेक समस्याओं की उचित व्याख्याएं मिल सकती है [4]।

रीड के अनुसार[5] मनोविज्ञानी कलासृष्टि का विश्लेषण मानसिक व्यापार की प्रक्रियाओं को समझने के लिए करता है। और कला को किसी भी दूसरी

मानसिक अभिव्यक्ति के समान महत्व प्रदान करता है। उसकी अर्थवत्ता में साहित्यिक मूल्य का कोई स्थान नहीं होता है। साथ ही साहित्यिक मूल्यों के प्रति भी उदासीन होता है। वह अपने को निरपेक्ष रखते हुए साहित्यिक मूल्यों की अवहेलना भी कर सकता है।

उपरोक्त विवेचन के संदर्भ में सर्जन प्रक्रिया के निरपेक्ष एवं वैज्ञानिक विश्लेषण के लिए मनोविज्ञान की महत्वपूर्ण भूमिका होती है।

संदर्भ-

[1] जुंग, मॉडर्न मैन इन सर्च आफ ए सोल (उद्दत- क. अहमद (अनुवादक देवेन्द्रनाथ शर्मा) मनोविश्लेषण और साहित्यालोचन भारती भवन पटना-1, सं.व. 1969, पृ.3)

[2] अहमद क., मनोविश्लेषण और साहित्यालोचन (अनुवादक- देवेन्द्रनाथ शर्मा) भारती भवन पटना 1, 1960, पृ-5

[3] ए.डब्ल्यू रैम्जे, साइकॉलॉजी एण्ड क्रिटिसिज्म।

[4] रीड, कलेक्टैड़ एसेज (उद्दत- क. अहमद, मनोविश्लेषण और साहित्यालोचन, भारती भवन पटना-1, सं. वर्ष-1969, पृ.सं.6)

[5] वहीं, पृ.सं - 7

6

काव्य सर्जना: मनोवैज्ञानिक दृष्टि की समीक्षा

काव्य सर्जना का मनोविश्लेषणात्मक पक्ष यद्यपि कई मायनों में उपयोगी सिद्ध हुआ है परंतु फिर भी मनोविश्लेषण की सभी मान्यताएं उचित सिद्ध नहीं की जा सकती है। इस बात में अधिक वास्तविकता नहीं है कि कुण्ठित, मनस्तापी व्यक्ति ही सर्जना में सफल होते है। अनेक ऐसे भी सर्जक देखने को मिलते है जब साधन-सम्पन्न, समृद्ध होते हैं एवं मनस्तापी भी नहीं होते हैं तब भी काव्य सर्जना में लीन रहते हैं। प्रायः ऐसा भी नहीं है कि केवल अन्तर्मुखी होना सर्जना की आवश्यक शर्त है।

चूंकि मनस्ताप, मानसिक कुण्ठा, यौन वर्जनाएं आदि मानसिक विक्षेप के तुल्य है तब मानसिक विक्षेप से सर्जना (काव्य रचना) मानना उचित नहीं जान पड़ता क्योंकि काव्य रचना सर्जनशीलता है, ध्वंसावस्था नहीं। जब काव्य रचना को मानसिक परिपक्वता की स्थिति माना जाता है ऐसी स्थिति में मानसिक असंतुलन या उन्माद में किया गया कर्म कैसा माना जा सकता है।

फ्रायड जैसे मनोवैज्ञानिक काव्य, कला यहाँ तक की संस्कृति तक को यौन-वर्जनाओं एवं आदिम आवेगों का उदात्तीकृत रूप मानते हैं। परंतु संस्कृति, कला, काव्य को यौन वर्जनाओं का उदात्तीकृत रूप कैसे माना जा सकता है। जबकि इनके द्वारा जो संतुष्टि मिलती है वह यौन भावनाओं से कहीं अधिक स्थायी होती है।

बोदुएं आदि मनोवैज्ञानिकों की मान्यता है कि स्वप्न तथा काव्य में कल्पना का स्वरूप एक समान होता है। परंतु आलोचकों का मानना है कि जबकि काव्य में कल्पना उद्देश्यमूलक होती है और व्यवस्थित होती है वहीं स्वप्न में कल्पना पर हमारा कोई नियंत्राण नहीं होता है तथा कोई उद्देश्य भी दृष्टिगत नहीं होता है साथ ही उसका कोई निश्चित क्रम भी नहीं होता है तब सर्जनात्मक कल्पना तथा स्वप्नील कल्पना को एक समान कैसा माना जा सकता है।

दूसरी तरफ अचेतन मन में दमित (कुण्ठित) वासनाओं से काव्य की रचना मानना मनोवैज्ञानिक नियतिवाद है। जब इस मनोवैज्ञानिक नियतिवाद से सर्जना होती है जिसमें रचनाकार पराधीन होता है, वह केवल अचेतन मन की वर्जनाओं व कुण्ठाओं को अभिव्यक्त करता है तब उससे यह आशा भी नहीं की जा सकती कि वह अपनी सर्जना में नैतिकता-अनैतिकता को ध्यान में रखे क्योंकि वह तो नियतिवाद के अधीन रहता है तथा अचेतन के द्वारा अपने को हाँकता हुआ पाता है। तब प्रश्न उठता है कि संस्कृति, कला एवं काव्य के प्रमुख स्तंभ-नैतिकता से विमुख होकर काव्य सर्जना का क्या उपयोग रह जाता है। अतः रचनाकार न तो अचेतन में ही और न ही जानबूझकर नैतिकता को भुला सकता है बल्कि उसका प्रधान उद्देश्य ही नैतिकता के मानदण्डों को स्थापित करना होता है।

7

पाश्चात्य काव्य प्रवृत्तियों के परिपेक्ष्य में कवि-प्रतिभा

पश्चिमी साहित्यिक परंपरा में, कवि-प्रतिभा की अवधारणा को विभिन्न ऐतिहासिक अवधियों और दार्शनिक आंदोलनों में विकसित होते हुए, विभिन्न दृष्टिकोणों से परखा और मनाया गया है। प्राचीन ग्रीस से लेकर आधुनिकता तक, पश्चिमी काव्य प्रवृत्तियाँ सच्ची काव्य प्रतिभा के बारे में बदलते दृष्टिकोण को दर्शाती हैं- चाहे इसे ईश्वरीय प्रेरणा, बौद्धिक महारत, भावनात्मक गहराई या रूप में नवीनता के रूप में देखा जाए।

अभिजात्यवाद और प्रतिभा (Classicism and Genius)

अभिजात्यवादी काव्यशास्त्री परम्परा के प्रतिपूर्ण आदर-भाव रखते हुए मौलिक सर्जन को अधिक महत्व न देकर अनुकरण की प्रवृत्ति पर बल देते हैं। ये सर्जनात्मकता को स्वतःस्फूर्त न मानकर पूर्वनिर्धारित कलाकृति मानते हैं अर्थात् सर्जन को पूर्वनिर्धारित परम्परागत सिद्धान्तों एवं नियमों के दायरे में रखते है।

अभिजात्यवाद में भावावेग, कवि व्यक्तिव एवं अनुभूति के बजाय वस्तुनिष्ठता एवं भाव संयम पर विशेष ध्यान दिया गया है। तथा कल्पना (प्रतिभा) को विवेक के अधीन छोड दिया गया। कवि (सर्जक) को उन्मुक्त न मानते हुए अनुभूति एवं आत्मनिष्ठा में अविश्वास प्रकट किया गया।

वस्तुतः अभिजात्यवाद सर्जनात्मकता को समस्याओं के प्रस्तुतिकरण में देखता है। देखा जाए तो अभिजात्यवाद उपयोगिता के अंश को साथ लेकर चलता है जो सर्जनात्मकता स्वछन्दता को नहीं मानता बल्कि 'आवश्यकता-उपयोगिता' एवं परम्परागत सिद्धान्तों के परिपेक्ष्य में उसका मूल्यांकन करता है।

अभिजात्यवाद अपनी चरम स्थिति में जड़ नैतिकतावाद का रूप धरण कर काव्य/कला के मुक्त विकास को रोकता है। यह सर्जनात्मक कल्पना (प्रतिभा) पर प्रतिबंध आरोपित करता है। अभिजात्यवाद की नकारात्मक जड़ मनोवृत्ति का सबसे अच्छा उदाहरण 5वीं शताब्दी से लेकर 15वीं शताब्दी तक का यूरोप है जो साहित्य व कला की दृष्टि से अंधकारयुग कहलाता है।

स्वछन्दतावाद और प्रतिभा (Ramanticism and Genius)

स्वछन्दतावाद काव्यशास्त्री परम्पराओं, रीतिबद्ध सिद्धान्तों एवं शास्त्रीय (अभिजात्यवादी) नियमों के प्रतिरोध में खड़ा हुआ था जो व्यक्तिगत प्रतिमानों के अनुसार सर्जन-स्वछन्दता को महत्वपूर्ण मानता है। केवल रचनाकार में सर्जनात्मकता के दर्शन करता है एवं सर्जक (रचनाकार) को विशिष्ट प्रतिभा से युक्त मानता है।

स्वछन्दतावाद उपयोगिता को काव्य रचना के मूल में रखकर नहीं देखता बल्कि स्वीकारता है कि रचनाकार अपनी अभिव्यक्ति में पूर्णतः स्वछन्द है, वह किसी शैलीगत अवधरणाओं से बाध्य नहीं है।

स्वछन्दतावादी कल्पना को देवी शक्ति के रूप में प्रतिष्ठित करते हुए इसे मन की श्रेष्ठ प्रक्रिया एवं उदात्त विवेक मानते हैं। इनके अनुसार जिसके पास कल्पना (प्रतिभा) शक्ति है उसी में सर्जनात्मकता है।

स्वछन्दतावादी विचारकों का मानना है कि अभिजात्यवादियों ने काव्य में अनुकरणात्मकता एवं परम्परा पर अत्यधिक जोर दिया है बजाय कुछ नवीन एवं मौलिकता के। इस तरह स्वछन्दतावाद रचना में सब नव-नव ग्रहण करता है। और यह नव-नव आन्तरिक पक्ष में ही नहीं बल्कि बाह्यपक्ष-नवीन अर्थ, नवीन भाषाशैली, नवीन विषयवस्तु सभी में स्वीकार करके सर्जनात्मकता को व्यापक अर्थ में लेता है।

परंतु धीरे-धीरे स्वछन्दतावाद में वैयक्तिकता एवं आत्मपरता की बढ़ती हुई प्रवृत्ति ने इसको वस्तुनिष्ठता से दूर कर दिया। सर्जक को पूर्णतः स्वछन्द करके (भावों का सहज उच्छृखलन) स्वछन्दतावाद ने उस पर किंचित मात्रा भी नियंत्रण नहीं रहने दिया फलतः रचना में सर्जक की उन्माद प्रवृत्ति एवं पर्यावरण (परिवेश) से अलगाववाद को बल मिला। अंत्तः नव अभिजात्यवाद की अतीव

समाजोन्मुखता के सामने स्वछन्दतावाद धुंधला होता चला गया।

नव-अभिजात्यवाद और प्रतिभा (Neo-classicism & Genius)

नव अभिजात्यवाद में भी अभिजात्यवाद की तरह प्राचीन मूल्यों को महत्व दिया गया परंतु अधिक अनुकरण तथा परम्परा के प्रति रूढ़िबद्धता की प्रवृत्ति सर्जनशीलता के मार्ग में अअवरोधक बनती है अतः बाद के नव-अभिजात्यवाद ने रचना परम्परा के अनुकरण को कम तथा मूल्यों के अनुकरण को विशेष महत्व दिया।

अभिजात्यवाद में चूंकि तर्क को प्रधान मानकर भावना की अवहेलना की गयी थी परंतु 20 वीं शताब्दी के नव अभिजात्यवाद में तर्क विवेक के साथ अनुभूति एवं भावना को भी महत्व दिया जाने लगा जिससे भाव व तर्क के समन्वय को स्वीकार किया जाने लगा।

वस्तुतः नव अभिजात्यवाद, अभिजात्यवाद की तुलना में मौलिक सर्जन को तथा स्वछन्द प्रतिभा को अंशतः स्वीकार करता है। दूसरी तरपफ स्वछन्दतावाद की वस्तुनिष्ठता से विमुखता की प्रवृत्ति पर आक्षेप करते हुए नव-अभिजात्यवाद ने वस्तुनिष्ठता को अनिवार्य कला मूल्य के रूप में स्वीकार किया। साथ ही वैयक्तिकता के स्थान पर सार्वभौमिकता पर बल देते हुए माना गया कि देश-काल से मुक्त रहते हुए सर्जक को चाहिए की वह उचितानुचित, मूल्यों-अमूल्यों के प्रत्ययों का विश्लेषण सार्वभौम दृष्टि को ध्यान में रखकर करे।

अपने को अभिजात्यवाद से जोड़कर रखते हुए नव-अभिजात्यवाद की वस्तुनिष्ठता की प्रवृत्ति ने सर्जन में रूपवाद (Formalism) को बढ़ावा दिया। सर्जक की परिपक्वता रचना के बाह्य-संघठना की निपुणता पर आधरित हो गयी तथा रचना के बाहरी पक्ष- 'भाषा-सौष्ठव, छन्द-अलंकार योजना, आदि को महत्व दिया जाने लगा परिणामतः सर्जना में मौलिकता के तत्त्व का ह्रास होने लगा।

आधुनिकतावाद और प्रतिभा (Modernism and Genius)

साहित्यिक क्षेत्र में आधुनिकतावाद का प्रादुर्भाव प्रथम विश्व युद्ध के समय से माना जाता है। वस्तुतः आधुनिकतावाद कोई सर्वसम्मत परिभाषा नहीं रखता बल्कि दोनों विश्व-युद्धों के दौरान साहित्यिक क्षेत्रा में आये अनेक वादों-अतियथार्थवाद अस्तिववाद आदि के समकक्ष उपस्थित हुए विचारों जिनमें परम्परावादी विचार प्रणाली पर आक्षेप तथा नई मान्यताओं एवं संवेदनाओं की नवीन अभिव्यक्ति व विकास के रूप में दृष्टिगोचर होने वाली प्रवृत्तियों के रूप में प्रकट हुआ।

आधुनिकतावाद प्रायः इतिहास एवं परम्परा को संदेह में रखकर स्वचेतना को मान्यता देता है। समाजविज्ञानों एवं प्राकृतिक विज्ञानों से प्रभावित होते हुए, साहित्यिक क्षेत्रा का आधुनिकतावाद विज्ञान एवं प्रौद्योगिकी की सराहना करते हुए शास्त्रावादी व्याख्या की आलोचना एवं व्यक्ति चेतना (स्वचेतना) को प्रश्रय देता है। सामाजिक परिवर्तनों के प्रति स्वीकारोक्ति तथा वर्तमान को प्राकृतिक विज्ञानों एवं मनोवैज्ञानिक विश्लेषण का आधर प्रदान करते हुए आधुनिकतावाद स्वयं में अन्तर्विरोधें से भरा साहित्यिक आन्दोलन है।

मुख्यतः आधुनिकतावाद में स्वच्छन्दतावाद को भावुकता से भरा आंदोलन कहकर नकार दिया गया और अपना ध्यान 'नये' की ओर दिया जैसे- नई कविता, नई समीक्षा, नई आलोचना आदि। प्रस्तुत अर्थ में आधुनिकतावाद 'कल्पना' सर्जनात्मक (प्रतिभा) को महत्व नहीं देता है।

एक तरफ मूल्यों में अविश्वास, वहीं टी.एस. इलियट जैसे आधुनिकतावादियों की ओर से 'परम्परा की आवश्यकता पर जोर, सर्जनात्मक कल्पना (प्रतिभा) को महत्व न देकर सर्जनशीलता के केन्द्र का बदलाव तो दूसरी तरफ नये-नये नाना विचारों का स्वागत आदि अन्तर्विरोधीमतों ने आधुनिकतावाद की सुस्पष्ट अभिव्यक्ति को धुंधला कर दिया। इस तरह अराजकतावाद, अस्तित्ववाद, नई समीक्षा, नई चेतना, संरचनावाद-उत्तरसंरचनावाद आदि विचारों की गूंज से तथा स्वयं के मतान्तर विरोधें से आधुनिकतावाद अपने अगले चरण में कहे या प्रतिरोध में या फिर स्वसुरक्षा में उत्तर-आधुनिकतावाद में परिवर्तित हो गया।

उत्तर-आधुनिकतावाद और प्रतिभा (Post-modernism and Genius)

साहित्य जगत में उत्तर आधुनिकतावाद मानता है कि सर्जनात्मक कल्पना (प्रतिभा) केवल रचनाकार में ही नहीं होती है बल्कि पाठक भी सर्जक होता है। प्रायः उत्तर आधुनिकतावाद स्वच्छन्दतावाद को नकारता है जो मानता है कि सर्जनात्मकता केवल रचनाकार में ही होती है।

उत्तर आधुनिकतावाद में पाठक द्वारा पुनर्रचना करने का यह अर्थ नहीं है कि वह रचनाकार की सर्जनात्मकता पर ही आक्षेप करता है बल्कि यह तो सर्जनात्मकता की परिधि की व्यापकता देता है।

आधुनिक मनोवैज्ञानिक विश्लेषण, साहित्यिक आंदोलनों, प्रवृतियों एवं वैज्ञानिक मान्यताओं के संदर्भ में उत्तर-आधुनिक साहित्यिक मनोवृत्तियों को देखते हुए प्रायः माना जाने लगा है कि सर्जनात्मक प्रत्येक व्यक्ति में होती है। यह एक नैसर्गिक मनोवृत्ति, कल्पना है जो किसी देवी प्रेरणा के प्रभाव से मुक्त है। यदि व्यक्ति में नवीन भावों, संवेगों की योग्यता तथा उन्हें अभिव्यक्त करने का

सामर्थ्य है तो वह सर्जना कर सकता है। जैसा कि स्टीफेन्सन कहते हैं कि सर्जक का कुशाग्रबुद्धि होना कोई आवश्यक शर्त नहीं है यदि वह नवीन भावों तथा उन्हें व्यक्त करने में समर्थ है क्योंकि वस्तुतः कुशाग्र बुद्धि व सर्जनात्मक प्रतिभा दोनों अलग-अलग है। जैसा कि रविन्द्रनाथ ठाकुर मानते है कि सत्य का मात्रा बौद्धिक ग्रहण रचनात्मक प्रेरणा को उद्घाटित नहीं करता। इसके लिए संवेगों की गतिशीलता अनिवार्य है और वह पर्याप्त नहीं यदि सर्जनात्मक तकनीक का अभाव हो। अतः सर्जनात्मक भावों की नवीनता, विचारों की मौलिकता, सामान्य से असाधरणता तथा सर्जनात्मक प्रतिभा पर निर्भर करती है।

सर्जनशीलता के मूल में समस्या को रखकर कुछ मनोवैज्ञानिक इसको समाज सापेक्ष प्रक्रिया के रूप में ग्रहण करते हैं। हेराल्ड जैसे मनोवैज्ञानिकों ने इसके मूल में तनाव को रखकर इसे शारीरिक प्रक्रिया व मानसिक प्रक्रिया- दोनों रूप में व्याख्यायित किया है।

8

भारतीय काव्यशास्त्रीय परंपरा में कवि-प्रतिभा

भारतीय परंपरा में, कवि-प्रतिभा को केवल कलात्मक या बौद्धिक कौशल के रूप में नहीं देखा जाता है, बल्कि इसे अक्सर आध्यात्मिक अंतर्दृष्टि, दार्शनिक गहराई और दिव्य की समझ के साथ जोड़ा जाता है। प्राचीन भारतीय विचारकों और कवियों ने कविता को एक पवित्र और परिवर्तनकारी कार्य के रूप में देखा, जो रचनाकार और श्रोता दोनों को चेतना के उच्च क्षेत्रों तक ले जाने में सक्षम है। इसलिए, कवि- प्रतिभा को एक ऐसा उपहार माना जाता था जो सामान्य से परे होता है और कवि को ब्रह्मांड, दिव्य और अस्तित्व के शाश्वत सत्य से जोड़ता है।

आचार्य भामह

काव्यशास्त्रीय परम्परा में कवि-प्रतिभा पर काव्य हेतुओं के रूप में दृष्टि संभवतः सर्वप्रथम भामह से ही ग्रहण की गयी है। अलंकारिक आचार्य भामह काव्य उद्भावन में प्रतिभा को मूल हेतु मानते हैं। उनका विचार है कि गुरू के उपदेश से यद्यपि जड़बुद्धि लोग भी शास्त्रों के ज्ञान में सक्षम हो सकते हैं परन्तु काव्य का स्फुरण किसी प्रतिभाशाली को ही होता है[1]। भामह काव्य के विशेषताधयक हेतु के रूप में व्युत्पत्ति व अभ्यास को भी महत्व देते हैं। जैसा कि वो मानते है कि काव्य रचना के लिए व्याकरण, छंद, कोश, वाच्यलक्ष्यादि अर्थ, इतिहासाश्रित कथाएं, व्यवहार, तर्कशास्त्र तथा कलाओं आदि का ज्ञान सहयोग प्रदान करता है। काव्य कर्म हेतु शब्दों व अर्थों का सम्यक परिज्ञान होना चाहिए तथा काव्यज्ञों की उपासना, एवं विविध ग्रंथों का अनुशीलन करने के पश्चात ही काव्य रचना में प्रवृत्त होना चाहिए[2]।

काव्य निर्माण में प्रतिभा चाहे मुख्य हेतु हो परंतु किसी भी प्रकार का कलादि कौशल काव्य उद्भावन में सहायक होता है। जैसा कि भामह कहते हैं कि शब्द, अर्थ, न्याय, कला सभी काव्य के अंग होते है[3]। अतः काव्य सर्जना के लिए कवि को इनका ज्ञान होना आवश्यक है।

इस प्रकार भामह प्रतिभा को काव्य सर्जनात्मकता में आवश्यक हेतु मानते हैं तथा व्युत्पत्ति एवं अभ्यास को उसके सहायक तत्वों के रूप में ग्रहण करते हैं।

आचार्य दण्डी

भामह जो काव्य रचना में प्रतिभा को प्राधान्य देते है तथा काव्यज्ञ-शिक्षा तथा अभ्यास को सहायक मानते हैं से भिन्न मत रखते हुए दण्डी मानते हैं कि नैसर्गिक प्रतिभा, निर्मल बहुश्रुत (शास्त्राज्ञान) तथा अमंद अभियोग (अभ्यास) तीनों मिलकर काव्य उद्भावना के हेतु होते हैं। समुदीतकारणता को इंगित करने के अर्थ में 'कारणं' एकवचन पद का प्रयोग दण्डी ने किया है[4]।

दण्ड़ी प्रतिभा को प्रयत्नसम्पाद्य नहीं मानते है। प्रतिभा पूर्व वासना रूप में जन्मजात होती है। परंतु इनका मानना है कि प्रतिभा के अभाव में भी शास्त्रानुशीलन तथा काव्याभ्यास द्वारा अवश्य ही काव्य रचना संभव है [5]।

यहाँ दण्ड़ी का आशय यह कदापि नहीं रहा होगा कि काव्य रचना प्रतिभा के पूर्ण रूपेण अभाव से संभव है। दण्ड़ी का आशय तो इस बात पर बल देने पर है कि काव्य रचना में शास्त्रानुशीलन (व्युत्पत्ति) एवं अभ्यास महत्वपूर्ण हेतु है।

इनका विश्वास है कि परिश्रमपूर्वक सरस्वती की उपासना करते हुए शास्त्राध्ययन तथा अभ्यास करते रहने से चाहे कवित्व का उद्भव अल्प मात्रा में हो या नहीं की मात्रा में परंतु विदग्धगोष्ठियों में सम्मान जरूर प्राप्त होगा, कवि न सही काव्यज्ञ की श्रेणी में तो गिने जायेंगे[6]।

आचार्य वामन

वामन काव्यसर्जना के हेतुओं का विवेचन काव्यांगो के रूप में करते हैं। इनके मतानुसार लोक, विद्या, और प्रकीर्ण में निष्णातता प्राप्त कर काव्य रचना में निपुणता प्राप्त की जा सकती है। अतः इनके मत में काव्य रचना में तीन हेतु है- लोक, विद्या और प्रकीर्ण [7]। लोक शब्द से लोक (स्थावर जंगम) का व्यवहार अभिप्रेय है[8]। विद्या के अन्तर्गत वामन व्युत्पत्ति को ग्रहण करते हुए कहते हैं कि शब्दशास्त्र, स्मृति, अभिधान, कोश, छन्दोविचित, कला, कामशास्त्र, दण्डनीति आदि विद्याओं का ज्ञान सर्जक को होना चाहिए[9]। प्रकीर्ण से वामन का तात्पर्य काव्यज्ञों की सेवा, प्रतिभा, अवधान, काव्यानुशीलन तथा उद्योग से है[10]। प्रकीर्ण में समाहित काव्य हेतुओं (काव्यांगो) की व्याख्या करते हैं

कि काव्यानुशीलन करना लक्ष्यत्व है, काव्य रचना हेतु परिश्रम (उद्योग) करना अभियोग है। वृत्ति सेवा से तात्पर्य काव्य का उपदेश करने वाले गुरू आदि की सेवा शुश्रूषा से है। विविध शास्त्रों का अनुशीलन कर पदों का आधान एवं उत्तरण करना अवक्षेपण, कवित्व का बीज प्रतिभा, और चित्त की एकाग्रता अवधान है। वामन चित्त की एकाग्रता को काल से संबंधित मानते हैं[11]।

वामन प्रतिभा को कवित्व का बीज (मूल) मानते हैं। यद्यपि वामन काव्यांगो में लोक, विद्या तथा प्रकीर्ण को ग्रहण करते हैं परंतु उनका बल प्रकीर्ण में गृहित प्रतिभा पर अधिक है।

इनके मत से प्रतिभा के बिना काव्य सर्जना संभव नहीं है और यदि किसी तरह से काव्योत्पत्ति हो भी जाती है तो वह हास्यास्पद ही होगी। वामन प्रतिभा को उत्पाद्य न मानकर पूर्वजन्मादि का संस्कारविशेष मानते हैं [12]।

आचार्य रूद्रट

आचार्य रूद्रट, शक्ति, व्युत्पत्ति और अभ्यास को काव्य सर्जना के हेतु मानते हैं तथा इनके आधार पर रचित काव्य की निर्दोषता और अलंकरणयुक्तता को उचित ठहराते हैं[13]। इनके मत से प्रतिभा तथा शक्ति एक ही है। शक्ति के विषय में कहते हैं कि मन के एकाग्रचित (समाध्स्थि) होने पर जिसके द्वारा अनेक प्रकार के शब्दार्थों का विस्फुरण हो और अक्लिष्ट (कमनीय) पदों का प्रकटीकरण (विभान्ति) हो वह शक्ति है[14]। शक्ति के बल से ही कवि के एकाग्रचित मन में अभिधेय अर्थ रमणीय पदावली में अभिव्यक्त होते हैं तथा उसी के बल पर रसादि शब्दों का स्फुरण होता है।

रूद्रट के मत में प्रतिभा (शक्ति) के दो भेद होते हैं- सहजा और उत्पाद्या। सहजा दैवीय शक्ति है तथा उत्पाद्य शास्त्रानुशीलन तथा काव्यमर्मज्ञों की संगति से प्राप्त ज्ञान है [15]। व्युत्पत्ति के विषय में रूद्रट कहते हैं कि छन्द, व्याकरण, कला, लोक-स्थिति, पद तथा अर्थों के ज्ञान आदि के अनुशीलन से उचित अनुचित का विवेक होता है वह व्युत्पत्ति है[16]।

प्रतिभा व व्युत्पत्ति के साथ ही अभ्यास को भी रूद्रट काव्य सर्जना सहायक मानते हैं। उनका कहना है कि काव्य रचना हेतु प्रतिभा व व्युत्पत्ति से युक्त सर्जक को भी सुजन व सुकवि की सन्निधि में रहकर काव्यनिर्माण का अभ्यास करना चाहिए[17]।

वामन के पूर्व भी आचार्य दण्डी नैसर्गिकी प्रतिभा निर्मल शास्त्राज्ञान तथा अमंद अभियोग को काव्यसर्जना के हेतु रूप में विवेचित कर चुके थे। तथा आचार्य वामन ने भी काव्यांगो के रूप में लोक, विद्या और प्रकीर्ण का निदेशन कर किया

था। रूद्रट के काव्यहेतु में पूर्वोक्त आचार्यों के मतों का समावेश मिलता है। रूद्रट द्वारा व्याख्यायित 'व्युत्पत्ति' के अन्तर्गत दण्डी कथित निर्मलशास्त्रा ज्ञान एवं वामन सम्मत लोक, विद्या, काव्यानुशीलन तथा अवेक्षण को सन्निविष्ट कर देखा जा सकता है। इसी तरह रूद्रट सम्मत 'अभ्यास' में वामन सम्मत अभियोग एवं दण्ड़ी सम्मत अमंद अभियोग को समानार्थक माना जा सकता है। रूद्रट के परवर्ती आचार्य मम्मट भी काव्य हेतु के रूप में शक्ति, निपुणता और अभ्यास को ग्रहण करते है[18]। मम्मट ने निपुणता शब्द का प्रयोग व्युत्पत्ति के अर्थ में ही किया है। आचार्य कुन्तक भी शक्ति, व्युत्पत्ति और अभ्यास को काव्यहेतु मानते है[19]। इस तरह पूर्वापर आचार्यों के मतों में काफी समानता दृष्टिगत होती है।

आचार्य आनन्दवर्धन

आचार्य आनन्दवर्धन का मानना है कि प्रतिभा शक्ति के बल पर ही कवि काव्य रचना में सक्षम है। प्रतिभा ही वह शक्ति है जिससे उस आस्वादमय अर्थतत्त्व को महाकवियों की वाणी प्रकट करती है [20]।

आनन्दवर्धन प्रतिभा को अलौकिक मानते हुए कहते हैं कि सभी व्यक्ति काव्य स्फुरण में हेतु तत्त्व 'प्रतिभा' से युक्त नहीं होते हैं। इनका कहना है कि कालिदासादि पाँच-छः ही ऐसे कवि हुए हैं जो प्रतिभा विशेष से युक्त हैं-

तत् वस्तुतत्वं निःष्यन्दमाना महतां कवीनां भारती अलोकसामान्यं प्रतिभाविशेषं परिस्पफुरन्तम् अभिव्यक्ति। येनास्मिन्नतिविचित्रा कविपरम्परावाहिनि संसारे कालिदास प्रभृतयो द्वित्राःप×चषा एव वा महाकवय इति गण्यन्ते[21]।

आनन्दवर्धन काव्य में प्रतीयमान अर्थ की महता प्रतिपादित करते हैं। प्रतीयमान अर्थ शब्दशास्त्र अर्थात् व्याकरणादि एवं अर्थशास्त्र अर्थात् कोशादि के ज्ञान मात्रा से ही प्रतीत नहीं होता है। प्रतीयमान अर्थ की प्रतीति प्रतिभा शक्ति से युक्त काव्यमर्मज्ञों को ही होती है[22]। आनन्दवर्धन के मतानुसार कवि-प्रतिभा जन्मागत संस्कार विशेष से ही नहीं बल्कि ध्वनि और गुणीभूतव्यंग्य काव्य के ज्ञान से भी आनन्त्य को प्राप्त करती है[23]। यहाँ प्रश्न उपस्थित होता है कि ध्वनि और गुणीभूतव्यंग्य दोनों काव्यनिष्ठ धर्म हैं जबकि प्रतिभा कविनिष्ठ धर्म है अतः आधार अलग-अलग होने के कारण दोनों व्यधिकरण धर्म हैं। चूँकि कार्यकारण भाव समानाधिकरण धर्मों में ही होता है तब ध्वनि और गुणीभूतव्यंग्य प्रतिभा के आनन्त्य के हेतु कैसे हो सकते हैं? इसके उत्तरपक्ष का आशय यह है कि ध्वनि और गुणीभूतव्यंग्य नहीं अपितु उनका 'ज्ञान' कवि प्रतिभा के आनन्त्य का हेतु होता है। 'ज्ञान' और 'प्रतिभा' दोनों कविनिष्ठ धर्म है। अतएव 'ज्ञानद्वारक

समानाधिकरण्य को लेकर कार्यकारणभाव मानने में कोई दोष नहीं है[24]।

आनन्दवर्धन कहते हैं कि ध्वनि और गुणीभूतव्यंग्य काव्य में से किसी एक से भी युक्त कवि की वाणी पुराने अर्थों से युक्त होने पर भी नवीनता को प्राप्त कर लेती है[25]। आनन्दवर्धन काव्य रचना में कवि प्रतिभा को आवश्यक मानते हैं। उनका कहना है कि अव्युत्पत्ति जनित दोष शक्ति से तिरस्कृत होने पर कभी भी प्रतीत नहीं होता है परंतु अशक्तिजनित दोष तुरंत लक्षित हो जाता है- **"तत्राव्युत्पत्तिकृतो दोषः शक्तितिरस्कृतत्वात् कदाचिन्न लक्ष्यते। यस्त्वशक्तिकृतो दोषः स झटिति प्रतीयते"**[26]।

आचार्य राजशेखर

आचार्य राजशेखर यद्यपि प्रतिभा, व्युत्पत्ति एवं अभ्यास इन तीनों को काव्य हेतु के रूप में ग्रहण करते हैं तथापि काव्य का मूल हेतु शक्ति को मानते है[27]। इनका मानना है कि समाधि एवं अभ्यास शक्ति को उत्पन्न करते हैं तथा शक्ति से ही प्रतिभा एवं व्युत्पत्ति का उद्भव होता है। शक्ति, प्रतिभा व व्युत्पत्ति से भिन्न है। तथा शक्ति वाले को ही प्रतिभा प्राप्त होती है एवं शक्ति सम्पन्न ही व्युत्पति से युक्त होता है [28]।

राजशेखर के अनुसार उनके पूर्ववर्ती श्यामदेव का मत है कि काव्य कर्म में कवि की समाधि अत्यन्त आवश्यक है[29]। मन की एकाग्रता ही समाधि है तथा एकाग्र चित्त ही अर्थों को देखता है[30]। पूर्ववर्ती आचार्य मंगल काव्य की सिद्धि सिद्धि के उपाय के रूप में अभ्यास को मानते है[31]। निरन्तर अनुशीलन करना ही अभ्यास है। तथा काव्य रचना में निपुणता उस सतत् अभ्यास से ही आती है[32]।

आचार्य राजशेखर 'शक्ति' का आधर पूर्ववर्ती आचार्यो के मत समाधि व अभ्यास से खोजते हैं तथा कहते हैं कि समाधि आभ्यन्तर प्रयत्न है तथा अभ्यास बाह्य प्रयत्न है[33] और इन दोनों से ही काव्य के उद्भावक - शक्ति की उद्भावना होती है। ये मानते हैं कि शक्ति से उत्पन्न प्रतिभा वहीं है जो शब्द समूह, अर्थ समूह, अलंकार शास्त्र, उक्तिमार्ग तथा अन्य काव्य पदार्थों को प्रतिभासित करती है। क्योंकि प्रतिभाशाली व्यक्ति के लिए पदार्थ समूह अप्रत्यक्ष भी प्रत्यक्ष सदृश होते हैं जबकि प्रतिभाहीन व्यक्ति के लिए तो अप्रकट ही रहते है[34]। कारयित्री व भावयित्री भेद से प्रतिभा दो प्रकार की होती है जिनमें कारयित्री प्रतिभा काव्य उद्भावन में तथा भावयित्री प्रतिभा काव्यास्वादन में आवश्यक होती है। कारयित्री प्रतिभा भी सहजा, आहार्य तथा औपदेशिकी भेद से तीन प्रकार की होती है। इनमें सहजा प्रतिभा जन्मजन्मान्तर के संस्कारों से उत्पन्न होती

है। पूर्व जन्मों के संस्कारों के वासना रूप में रहने से इसका प्रादुर्भाव होता है अतः यह जन्मजात होती है। आहार्य प्रतिभा इसी जन्म के संस्कारों से उत्पन्न होती है तथा तन्त्र मंत्रादि के उपदेश अनुष्ठानादि से औपदेशिकी प्रतिभा उपजती है। पूर्व आचार्यों ने कहा है कि इस लोक के किंचित संस्कार की सहायता पाकर सहजा प्रतिभा निसर्गतः प्रस्पफुरित हो जाती है जबकि आहार्य प्रतिभा के लिए अत्यधिक प्रयत्न (अभ्यास) करना पड़ता है। तथा औपदेशिकी प्रतिभा इसी जन्म से तंत्र-मंत्रादि के उपदेश से उत्पन्न तथा संस्कृत होती है अतः यही जन्म उपदेश काल एवं संस्कार काल है[35]।

व्युत्पत्ति के विषय में राजशेखर का मत है कि उचित-अनुचित का विवेक व्युत्पत्ति है[36]। अपने से पूर्ववर्ती आचार्यों के मतों का उल्लेख भी राजशेखर करते हैं जिनका मानना है कि बहुज्ञता व्युत्पत्ति है[37]। आचार्य आनन्दवर्धन प्रतिभा व व्युत्पत्ति में प्रतिभा को श्रेष्ठ मानते हैं, वहीं आचार्य मंगल व्युत्पत्ति को महत्व देते है। इस विषय में राजशेखर का मत है कि प्रतिभा एवं व्युत्पत्ति दोनों सम्मिलित रूप से श्रेयस्कर होते हैं। क्योंकि जिस प्रकार रूप सम्पत्ति के बिना लावण्य की तथा लावण्य के बिना रूप सम्पत्ति शोभनीय नहीं होते हैं उसी प्रकार प्रतिभा एवं व्युत्पत्ति भी अन्योन्याश्रित है। अतः प्रतिभा एवं व्युत्पत्ति से युक्त कवि ही कवि कहा जाता है[38]। साथ ही निरन्तर अभ्यास करते रहने से कवियों के वाक्य-समूहों में परिपक्वता आती है[39] ।अतः काव्यसर्जना व काव्योत्कर्ष में अभ्यास की महत्वपूर्ण भूमिका होती है।

राजशेखर के मत में विशेष यह है कि वे शक्ति और प्रतिभा को अभिन्न रूप में ग्रहण नहीं करते हैं। शक्ति युक्त ही प्रतिभा व व्युत्पत्ति सम्पन्न हो सकता है। इस रूप में शक्ति शब्द प्रतिभा से व्यापक है यद्यपि शक्ति व प्रतिभा में औपचारिकतः कोई अन्तर नहीं है।

आचार्य भट्टतौत

प्रतिभा का वैज्ञानिक स्वरूप सबसे पहले भट्टतौत ने उपस्थापित किया था। उनका कथन था कि नये-नये अर्थों के उन्मीलन करने में समर्थ प्रज्ञा को ही प्रतिभा कहते हैं। उससे अनुप्राणित होकर कवि वर्णन करने में निपुण होता है और उसका कार्य काव्य कहलाता है[40]।

इनका कहना है कि प्रतिभा सहृदय जनों के प्रति अनुमीयमान नहीं होती, बल्कि प्रतिभा के विषयीभूत रस के आवेश से भासित होता है। वे कहते हैं कि नायक कवि और श्रोता का उससे समान अनुभव होता है[41]

आचार्य अभिनवगुप्त

आचार्य अभिनवगुप्त के अनुसार कवित्व की बीजरूप यह प्रतिभा जन्मान्तरों के संस्कार से आती है[42]। प्रतिभा के स्वरूप के विषय में अभिनवगुप्त कहते हैं कि अपूर्व वस्तु के निर्माण में समर्थ बुद्धि विशेष ही प्रतिभा है[43]। इसी प्रतिभा का वैशिष्ट्य है- 'रसावेश' के कारण उत्पन्न हुई निर्मलता से प्रयुक्त सौन्दर्य रूप काव्य निर्माण की योग्यता। अर्थात् अभिव्यक्त या सफुरित होते हुए प्रतिभा विशेष रूप निमित्त से महाकवित्व की गणना होती है।

ध्वन्यालोकलोचन टीका में अभिनवगुप्त कहते हैं कि ध्वनि एवं गुणीभूतव्यंग्य के वैचित्रय से वर्णनीय अवधिरहित (अनन्त) हो जाते हैं, इस प्रकार तद्विषयक वर्णनीय अर्थविषयक प्रतिमानों का आनन्त्य बन जाता है अर्थात् प्रतिभा का आनन्त्य होता है जिससे वाणी नवत्व को प्राप्त करती है।

आचार्य कुंतक

भारतीय काव्यशास्त्रीय परम्परा में आचार्य कुन्तक ऐसे आचार्य हैं जो काव्य में कवि व्यक्तितत्व (कवि-व्यापार) को सर्वाधिक महत्व देते हैं। इनके अनुसार "कवि कर्म ही काव्य है[44]। कवि कर्म से कुन्तक का तात्पर्य रस, स्वभाव, अलंकार आदि के प्राणभूत कवि-कौशल से है[45]। काव्य लक्षण में कुन्तक कवि व्यापार की वक्रता आहलादकारित्व तथा विशिष्ट रूप से अवस्थित सहभाव युक्त शब्दार्थ को सम्मिलित करते हैं[46]। कुन्तक सम्मत कवि व्यापार इतने व्यापक अर्थ में है कि इसमें अनुभूति एवं अभिव्यति दोनों पक्ष सम्मिलित है। कवि व्यापार (कवि कर्म) को काव्य कहकर कुन्तक काव्य सौन्दर्य के वस्तुनिष्ठ पक्ष की बजाय आत्मगत पक्ष पर बल देते हैं। कुन्तक वक्रोक्ति को काव्य की आत्मा के रूप में प्रतिष्ठित करते हैं। वक्रोक्ति से इनका तात्पर्य है- कवि कर्मकौशल की शोभा से उत्पन्न विचित्र प्रकार का कथन[47] और यह वक्रता कवि-प्रतिभा से ही अन्तःस्फुरित होती है। प्रतिभा शक्ति से प्रथम विलास के समय ही शब्द और अर्थ के अन्दर उक्तिवैचित्रय स्फुरित होता हुआ प्रतीत होता है[48]। इस तरह कुन्तक काव्य सौन्दर्य के उन्मेष में कवि-प्रतिभा को सर्वोपरि स्थान देते हैं। उनके अनुसार पूर्व जन्म तथा इस जन्म के संस्कारों के परिपाक से प्रौढ़ हुई कवि शक्ति ही प्रतिभा है[49]। पूर्वजन्म के साथ इस जन्म के संस्कारों के योगदान को मानकर कुन्तक प्रतिभा के अलावा व्युत्पत्ति व अभ्यास की तरफ भी ध्यान देते हैं। यद्यपि व्युत्पत्ति व अभ्यास की भूमिका प्रतिभा को संस्कारित करने में मानते हैं।

आचार्य कुन्तक वक्रोक्ति (अभिव्यंजना) को अखण्ड एवं अविभाज्य मानते हैं। उनका कहना है कि वाच्य अर्थ तथा वाचक शब्द रूप होता है परंतु काव्य में इन दोनों का ही अपूर्वतत्त्व है। अर्थात् काव्य में एक शब्द का प्रयोग एक ही अर्थ के

लिए होता है। उस अर्थ के समानर्थक अन्य शब्दों के होते हुए भी विवक्षित अर्थ का एक मात्रा शब्द होता है[50] वस्तुतः कुन्तक के मत में वक्रोक्ति में अलंकार तथा अलंकार्य का भेद नहीं होता है, यह अखण्ड होती है।

आचार्य क्षेमेन्द्र

औचित्य को काव्य की आत्मा (जीवित) प्रतिपादित करने वाले आचार्य क्षेमेन्द्र का प्रतिभा के विषय में कथन है कि प्रतिभा (औचित्य) के कारण कवियों का काव्य उसी प्रकार सुशोभित होता है जैसे ऐश्वर्य से चमत्कृत गुणवानों का उज्जवल कुल[51]। आचार्य भट्टतौत तथा अभिनवगुप्त के समान क्षेमेन्द्र भी प्रतिभा को प्रज्ञा का प्रकार मानते हैं[52] अर्थात् नव-नव अर्थों का आधन (उन्मेष) करने वाली प्रज्ञा ही प्रतिभा है। तथा काव्य में प्रतिभा के कारण ही चमत्कार उत्पन्न होता है। क्षेमेन्द्र ने भट्टतौत के मत को भी अपने पक्ष में उद्धृत किया है - **प्रज्ञा नवनवोन्मेषशालिनी प्रतिभा मता**[53] इति।

यद्यपि क्षेमेन्द्र ने काव्य हेतुओं का विस्तार से वर्णन नहीं किया है परंतु प्रतिभागत औचित्य के विवेचन में प्रतिभा का महत्व प्रतिपादित किया गया है।

आचार्य मम्मट

आचार्य मम्मट से पूर्व तक काव्य सर्जनात्मकता के विषय में काव्य हेतुओं के रूप में विस्तार से विवेचन किया जा चुका था। अपने से पूर्वोक्त विवाद-धारा का प्रतिनिध्त्वि करते हुए मम्मट ने सभी प्राचीन मतों का सार ग्रहण किया है एवं काव्य रचना में शक्ति, निपुणता (व्युत्पत्ति) एवं अभ्यास तीनों को समुदीत रूप से स्थान दिया है[54]।

आचार्य मम्मट ने प्रतिभा के लिए शक्ति शब्द का प्रयोग किया है। इनका मानना है कि शक्ति कवित्व का मूलकारण (बीज) रूपद्ध एक संस्कार विशेष है जिसके बिना काव्य का उद्भावन नहीं हो सकता है। कवि में यह सहज शक्ति होती है। इसके अभाव में रचित काव्य उपहास के योग्य होता है[55]।

शक्ति के साथ ही निपुणता (व्युत्पत्ति) के विषय में मम्मट कहते हैं कि लोकवृत (अर्थात् लोकव्यवहार) शास्त्र (छन्दशास्त्र, व्याकरणशास्त्र) शब्दकोश (शब्दकोशशास्त्र), कला (चैसठ कलाओ के प्रतिपादक शास्त्रादि), चतुवर्ग (धर्मार्थकाममोक्ष के प्रतिपादक ग्रन्थ), हाथी, घोड़ा आदि के लक्षणादि प्रतिपादक ग्रंथ, महाकवियों के काव्यों तथा इतिहासादि के अनुशीलन से एक विशेष प्रकार ज्ञान प्राप्त होता है [56]। यह विशेष प्रकार का ज्ञान- व्युत्पत्ति काव्य सर्जना में तथा काव्य उत्कर्ष में सहायक होता है। काव्य सर्जनात्मकता के समुचित कारणों में अभ्यास भी महत्वपूर्ण हेतु है। काव्यज्ञों के शिक्षा--निदेशन में काव्य निर्माण

तथा शब्दादि की सुन्दर योजना में बार-बार प्रवृत्त होने (अभ्यास) से काव्य-प्रसूति एवं उत्कृष्टता प्राप्त होने लगती है।

आचार्य मम्मट का हेतवः (बहुवचन) के बजाय हेतु (एकवचन) पद का प्रयोग तीनों- शक्ति, निपुणता, अभ्यास को समुदित रूप से हेतु मानने के अर्थ में है। दण्ड-चक्रादि न्याय की तरह जैसे घट के निर्माण में दण्ड़, चक्र आदि सभी सम्मिलित रूप से कारण है उसी तरह शक्ति, निपुणता अभ्यास भी सापेक्ष रूप से उत्कृष्ट काव्य उद्भव के कारण है।

आचार्य पण्ड़ितराज जगन्नाथ

पं. जगन्नाथ काव्यसर्जना के मूल में केवल 'प्रतिभा' को मानकर रूद्रट, वामनादि एककारणतावादियों के मत के पोषक हैं[57]। इनके मत में रमणीय अर्थ के प्रतिपादक शब्द काव्य है[58] और रमणीयता तभी आ सकती है जब उसके अनुकूल शब्दार्थों का प्रयोग किया जाए। अतः प्रतिभा का लक्षण करते हैं कि काव्य निर्माण के लिए अनुकूल शब्दार्थों का उपस्थित हो जाना प्रतिभा है[59]। काव्य लक्षण में जगन्नाथ यद्यपि शब्द के पक्ष को अधिक बल देते हैं परंतु उसी में लक्ष्यक व व्यंजक शब्दों को भी समाविष्ट मानते हैं। और कहते हैं कि प्रतिभा से युक्त कवि ही शब्दों के समुचित प्रयोग की योग्यता धारण करते हैं।

पण्ड़ितराज काव्यकारणता की अवच्छेदकता से प्रतिभात्व को सिर्फ जाति विशेष और खण्ड उपाधि रूप मानते हैं[60]।उनके मत में प्रतिभा में रहने वाला प्रतिभात्व जाति विशेष है जिसकी सिद्धि अनुगताकार प्रतीति से न होकर अनुमान से होती है। तथा प्रतिभा को समवाय संबंध से काव्य के प्रति कारण माना जा सकता है।

पं. जगन्नाथ काव्य के हेतुभूत् प्रतिभा के प्रति भी दो कारण मानते हैं। एक तो किसी देवता या महापुरूष की प्रसन्नता से उत्पन्न उद्दष्ट कारण तथा दूसरा विलक्षण व्युत्पत्ति तथा काव्य रचना का अभ्यास [61]। दोनों कारणों से उत्पन्न प्रतिभा से युक्त कवि काव्य निर्माण में सक्षम होता है। इनके मत में प्रतिभा के प्रति 'अद्दष्ट' तथा 'व्युत्पत्ति एवं अभ्यास' पृथक्-पृथक् कारण है सम्मिलित नही। क्योंकि किसी ने व्युत्पत्ति तथा अभ्यास नहीं किया तब भी किसी महापुरूषादि के प्रसाद से उनमें प्रतिभा उत्पन्न होती देखी गयी है। तथा कहीं -कहीं यह भी देखने में आता है कि कुछ व्यक्ति बहुत समय तक काव्य निर्माण में सक्षम नहीं होते हैं परंतु व्युत्पत्ति एवं पुनः पुनः अभ्यास से उनमें प्रतिभा उत्पन्न हो जाती है और वे काव्य रचना करने लगते हैं। अतः अद्दष्ट तथा 'व्युत्पत्ति-अभ्यास को प्रतिभा के प्रति पृथक्-पृथक् ही ग्रहण करना चाहिए[62]।

संदर्भ-

[1] गुरूपदेशादध्येतुं शास्त्रां जड़ध्यिो{प्यलम्।
काव्यं तु जायते जातु कस्यचित्प्रतिभावतः।। -काव्यालंकार, 1.5

[2] शब्दछन्दोभिधनार्था इतिहासाश्रयः कथाः।
लोको युक्तिः कलाश्चेति मन्तव्या काव्यगैह्र्यमी
शब्दाभिधे्ये विज्ञाय कृत्वा तदि्वदुपासनाम्
विलोक्यान्यनिबन्धश्च कार्यः काव्य क्रियादरः – काव्यालंकार, 9&10

[3] न स शब्दो न तद्वाच्यं न स न्यायो न सा कला।
जायते यन्न काव्यांगमहो भारो महान्कवेः ।। -काव्यालंकार, 5.4

[4]नैसर्गिकी च प्रतिभा श्रुतं च बहु निर्मलम्।
अमन्दश्चाभियोगो{स्याः कारणं काव्यसम्पदः।। -काव्यादेश, 1-103

[5] न विद्यते यद्यपि पूर्ववासनागुणानुबन्धिप्रतिभानमद्भुतम्।
श्रुतेन यत्नेन च वागुपासिता ध्रुवं करोत्येव कमप्यनुग्रहम्।। - वहीं, 1-104

[6] तदस्तन्द्रैरनिशं सरस्वति श्रमादुपास्या खलु कीर्तिमीप्सुभिः।
कृशे कवित्वे{पि जनाः कृतश्रमा विदग्ध्गोष्ठीषु विहत्र्तुमीशते।। -वहीं, 1-105

[7] लोको विद्या प्रकीर्ण×च काव्याघõानि। लोकवृत्तं लोकः।। -. काव्यालंकारसूत्रवृत्ति, 1-3-2

[8] वही

[9] शब्द -स्मृति-अभिधन कोश - छन्दोविचित -कला-कामशास्त्रा दण्डनीति पूर्वाः विद्याः।। - काव्यालंकारसूत्रवृत्ति 1-3-3

[10] लक्ष्यत्वमभियोगो वृ(सेवा- अवेक्षणं प्रतिभानमवधनम् प्रकीर्णम्। -काव्यालंकारसूत्रवृत्ति 1-3-11

[11] तत्रा काव्यपरिचयो लक्ष्यत्वम्। काव्यबन्धेद्यमो{मियोगः। काव्योपदेशगुरूशुश्रूषणं वृद्वसेवा। पदाधनो(रणमवेक्षणम्। कवित्वबीजं प्रतिभानम्। चितैकाग्रयमवधनम्। तद्देश कालाभ्याम्। -काव्यालंकारसूत्रावृत्ति 1-3-12 &18

[12] कवित्वबीजम् प्रतिभानम्। कवित्वस्य बीजम् कवित्वबीजम्, जन्मान्तरगत-संस्कारविशेषः कश्चित्। यस्माद्विना काव्यं न निष्पद्यते, निष्पन्नम् वा हास्यायतनं स्यात्। -वामन, काव्यालंकारसूत्रवृत्ति-1.3.16 तथा उसकी वृत्ति।

[13] काव्यलंकार 1-14

[14]मनसि सदा सुसमाध्निी विस्फुरणमनेकधभिन्धेयस्य।

अक्लिष्टानि पदानि च विभान्ति यस्यामसौ शक्तिः।। - काव्याललंकार 1-15

[15] प्रतिभेत्यपरैरूदिता सहजोत्पाद्या च सा द्विध भवति। पुंसा सह जातत्वादनयोस्तु ज्यायसी सहजा। -काव्यालंकार 1.16

[16] छन्दोव्याकरणकलालोकस्थिति पदपदार्थविज्ञानात्।
युक्तायुक्तविवेको व्युत्पत्तिरियं समासेन।। - रूद्रट, काव्यालंकार 1-18

[17] अधिगतसकलज्ञेयः सुकवेः सुजनस्य सन्निधै नियतम्।
नक्तिंदिनमभ्यस्येदभियुक्तः शक्तिमान् काव्यम्।। -रूद्रट, काव्यालंकार 1-20

[18] शक्तिर्निपुणता लोकशास्त्राकाव्याद्यवेक्षणात्।
काव्यज्ञशिक्षयाभ्यास इति हेतुस्तदुद्भवे।। -मम्मट, काव्यप्रकाश, 1-3

[19] कुन्तक, वक्रोक्तिजीवितम्। 1.24 की वृत्ति।

[20] सरस्वती स्वादु तदर्थवस्तु निष्यन्दमाना महतां कवीनाम्।
अलोकसामान्यमभिव्यनक्ति परिस्पफुरन्तं प्रतिभाविशेषम्।। - आनन्दवर्धन, ध्वन्यालोक 1-6

[21] ध्वन्यालोक, वृत्ति, 1-6

[22] शब्दार्थशासनज्ञानमात्रोणैव न वेद्यते।
वेद्यते स तु काव्यार्थतत्त्वज्ञैरेव केवलम्।। - वहीं 1-7

[23]ध्वनेर्यः स गुणीभूतव्यघõयस्याध्वां प्रदर्शितः।
अनेनानन्त्यमायाति कवीनां प्रतिभागुणः - वहीं 4-1

[24]आचार्य विश्वेश्वरऋ ध्वन्यालोक। श्री आनन्दवर्धनाचार्य-विरचित ध्वन्यालोक की हिन्दी व्याख्या, सम्पादक, डॉ. नगेन्द्र, वाराणसी ज्ञानमण्डल लिमिटेड, तृतीय संस्करण. 2042 वि. सम्वत्, पृ. 337

[25] अतो ह्यन्यतमेनापि प्रकारणे विभूषिता।
वाणी नवत्वमायाति पूर्वार्थान्वयवतयति।। - आनन्दवर्धन, ध्वन्यालोक 4-2

[26] वहीं, 3.5 की वृत्ति एवं “अव्युत्पत्तिकृतो दोषः शक्त्या संव्रियते कवेः।
यस्त्वशक्तिकृतस्तस्य स झटित्यवभासते।। वहीं 3-6

[27]सा केवलं काव्ये हेतुः इति यायावरीय -काव्यमीमांसा, -चतुर्थ अध्याय

[28] तावुभावपि शक्तिमुद्भासयन्तः।.... विप्रसृतिश्च सा प्रतिभाव्युत्पत्तिभ्याम्। शक्ति कर्तृके हि प्रतिभा व्युत्पत्तिकर्मणी। शक्तस्य प्रतिभाति शक्तश्च व्युत्पद्यते। -वहीं

[29]काव्यकर्मणि कवेः समाधि परं व्याप्रियते इति श्यामदेवः। -वहीं

[30] मनसा एकाग्रता समाधि। समाहितं चित्तमर्थान् पश्चति। -वहीं

[31] अभ्यासः इति मंगल। -वहीं

[32] अविच्छेदेन शीलनमभ्यासः। स हि सर्वगामी सर्वत्रा निरतिशयं कौशलमाध्त्ते। - वहीं

[33] समाधिरांतरः प्रयत्नो बाह्यस्त्वभ्यासः। - वहीं

[34] या शब्दग्राममर्थसार्थमलघड्ढातंत्रामुक्तिमार्गमन्यदपि तथा विध्मध्हिृदयं प्रतिभासयति सा प्रतिभा। अप्रतिभस्य पदार्थसार्थः परोक्ष इव, प्रतिभावतः पुनरपश्चतोऽपि प्रत्यक्ष इव। - वहीं।

[35] सा च दि्वध कारयित्री भावयित्री च। कवेरूपकुर्वाणा कारयित्री। सापि त्रिविध सहजार्हायौपदेशिकी च। जन्मान्तर संस्कारापेक्षिणी सहजा। इह जन्मसंस्कारयोर्निराहार्या। मंत्रातन्त्राद्युपदेशप्रभवा औपदेशिकी। ऐहिकेन कियतापि संस्कारेण प्रथमां तां सहजेति व्यपदिशन्ति। महता पुनराहार्या। औपदेशिक्याः पुनरैहिक एव उपदेश कालः, ऐहिक एवं संस्कारकालः -वहीं।

[36] उचितानुचितविवेको व्युत्पत्तिऋ इति यायावरीयः। - वहीं, पंचम अध्याय

[37] बहुज्ञता व्युत्पत्तिः इत्याचार्याः। - वहीं।

[38] प्रतिभाव्युत्पत्योः प्रतिभा श्रेयसी, इत्यानन्दः।.... व्युत्पत्ति श्रेयसी इति मंगल .... प्रतिभाव्युत्पत्ती मिथः समवेते श्रेयस्यौ इति यायुवरीयः। न खलुलावण्यलाभाद्दते रूपसम्पद्दते रूपसम्पदो वा लावण्यलब्ध्मिहते सौन्दर्याय। - वहीं।

[39] सततमभ्यासवशतः सुकवेः वाक्य पाकमायाति। वहीं, पंचमाध्याय।

[40] प्रज्ञा नवनवोन्मेषशालिनी प्रतिभा मता।

तदनुप्राणनाज्जीवद् वर्णनानिपुणः कविः।।तस्य कर्म स्मृतं काव्यम्। भट्टतौत - काव्यकौतुक (उद्धृत- हेमचन्द्र के काव्यानुशासन)

[41] "नायकस्य कवेः श्रोतुः समाननोनुभवस्ततः। - वहीं।

[42] कवित्वबीजं जन्मान्तरसंस्कारगतविशेषः कश्चित्।। -अभिनवगुप्त, अभिनवभारती - 346

[43] प्रतिभा अपूर्ववस्तुनिर्माणक्षमा प्रज्ञा। तस्याः विशेषो रसोवेशवैशध्सौन्दर्यकाव्यनिर्माणक्षमत्वम्। -अभिनवगुप्त, ध्वन्यालोकलोचन -टीका-29

[44] कवेः कर्म काव्यम्। - कुन्तक, वक्रोक्तिजीवितम्, प्रथम कारिका की वृत्ति।

[45] रसस्वभावालंकाराणां सर्वेषां कविकौशलमेव जीवितम्। - वहीं।

[46] शब्दार्थौ सहितौ वक्रकविव्यापारशालिनी।

बंधेव्यवस्थितौ काव्यं तद्विदाह्लाविदकारिभिः। - वही, 1.7

[47] वक्रोक्तिरेव वैदग्ध्यभंगीभणितिरूच्यते। - वहीं 1-10

[48] 'प्रतिभा प्रथमोद्भेदसमये यत्रा वक्रता।

शब्दाभिधेययोरन्तः स्पफुरतीव विभात्यते।'' - वहीं 1-34

[49] प्राक्तनाघनसंस्कारपरिपाकप्रौढ़ा प्रतिभा काचिदेव कविशक्तिः। - वही, 1.29 की वृत्ति

[50] वाच्योर्थो वाचकः शब्दः प्रसिमिति यद्यपि।

तथापि काव्यमार्गेस्मिन् परमार्थोयमेतयोः।। - वहीं , 1.8

शब्दो विवक्षितार्थैकवाचकोन्येषु सत्स्वपि - वही, 1.9

[51] प्रतिभाभरणं काव्यमुचितं शोभते कवेः।

निर्मलं सुगुणस्येव कुलं भूतिविभूषितम्।। - औचित्यविचारचर्चा, कारिका 35

[52] अत्रा.......... प्रत्यायनापह्नवनवनवोन्मेषप्रज्ञा चातुर्थचारूवचनमौचित्यचमत्कारं करोति। वहीं, कारिका 35 की वृत्ति

[53] भट्टतौत, उद्वृत औचित्यविचारचर्चा य् कारिका -35 की वृत्ति

[54] शक्तिर्निपुणता लोकशास्त्राकाव्याद्यवेक्षणात्।

काव्यज्ञशिक्षयाभ्यास इति हेतुस्तदुद्भवे। - काव्यप्रकाश, 1.3

[55] शक्तिः कवित्वबीजरूपः संस्कारविशेषः यां विना काव्यं न प्रसरेत्, प्रसृतं वा उपहसनीयस्यात्। -काव्यप्रकाश, 1.3 वृत्ति

[56]काव्यप्रकाश, 1.3-वृत्ति

[57] तस्या च कारणं कविगता केवला प्रतिभा। जगन्नाथ, रसगंगाधर, प्रथमानन।

[58]रमणीयार्थप्रतिपादकः शब्दः काव्यम्। - रसगंगाधर- 1.1

[59] सा च ;प्रतिभाद्ध काव्यघटनानुकूलशब्दार्थोपस्थितिः। - जगन्नाथ, रसगंगाधर, प्रथमानन।

[60] तद्गतं च प्रतिभात्वं काव्यकारणावच्छेदकतया सिद्ध जाति विशेष उपाधिरूपं वा खण्ड़म्।-जगन्नाथ, रसगंगाधर, प्रथमानन।

[61] तस्याश्च हेतुः क्वचिद् देवतामहापुरूषप्रसादादिजन्यमदृष्टं क्वचिद् विलक्षणव्युत्पत्ति काव्यकरणाभ्यासौ।-जगन्नाथ, रसगंगाधर, प्रथमानन।

[62] न तु त्रायमेव, बालादेस्तौ विनापि केवलान्महापुरुषप्रसादादपि प्रतिभोत्पत्तेः।.................. नापि दृष्टमेव कारणमित्यपि शक्यं वदितुम्, कियन्तचितकालं काव्यं कर्तुमशक्नुवतः कथमपि संजातयोर्वयुत्पत्याभ्यासयोः प्रतिभायाः प्रादुर्भावस्य दर्शनात्। --जगन्नाथ, रसगंगाधर, प्रथमानन।

9

कवि-प्रतिभा : भारतीय काव्यशास्त्रियों की दृष्टियों में भिन्नता के स्तर की समीक्षा

काव्य सर्जनात्मक के परिपेक्ष्य में भारतीय काव्यशास्त्रियों के मतों के अध्ययनान्तर मुख्यतः तीन मत उभरते हैं-

काव्य सर्जना में प्रतिभा मुख्य हेतु तथा व्युत्पत्ति एवं अभ्यास की भूमिका कवि व्यापार को संस्कारित तथा नियमन करने में है। इस मत के प्रतिपादक तथा समर्थक आचार्य यद्यपि प्रतिभा, व्युत्पत्ति एवं अभ्यास तीनों को काव्य हेतुओं में समाहित करते है परंतु कवित्व का बीज उनकी दृष्टि में प्रतिभा ही है। भामह का मानना है कि काव्य रचना का सामर्थ्य किसी प्रतिभावान को ही होता है[1]। वामन का कथन, प्रतिभा कवित्व का बीज (मूल) है[2], वस्तुतः प्रतिभा को काव्य निर्माण की आवश्यक शर्त के पक्ष को बल प्रदान करता है।

राजशेखर समाधि एवं अभ्यास जन्य शक्ति के उत्पाद रूप में प्रतिभा को व्याख्यायित करते हैं तथापि उनका मन्तव्य है कि प्रतिभाहीन को प्रकट पदार्थ-समूह भी अप्रकट ही रहते हैं जबकि प्रतिभा से युक्त के लिए अप्रत्यक्ष भी प्रत्यक्ष ही रहते है[3]। राजशेखर प्रतिभा के सहजा, आहार्य एवं औपदेशिकी भेद मानकर इन्हीं भेदों के आधार पर सारस्वत, आभ्यासिक एवं औपदेशिक भेद से कवियों के तीन भेद मानते हैं। इनमें सारस्वत कवि की सरस्वती (वाणी) जन्मजन्मान्तर

संस्कार से काव्य निर्माण में प्रवृत्त होती है। यह स्वतंत्र रूप से काव्य निर्माण में प्रवृत्त होता है। आहार्य बुद्धि से युक्त आभ्यासिक कवि की सरस्वती इसी जन्म के अभ्यास एवं संस्कारों से उद्भासित होती है। यह सीमित रूप से काव्य कर्म में सक्षम होता है। औपदेशिक कवि मंत्रोपदेश अनुष्ठानादि से काव्य रचना में प्रवृत होता है। इसकी रचनाएं वस्तुतः सारहीन ही होती है।

राजशेखर के द्वारा कवियों के इन तीनों भेदों के कथन से निष्कर्षतः ज्ञात होता है कि चाहे राजशेखर शक्ति का उद्भावक अभ्यास एवं समाधि को मानते हैं परंतु जन्मजन्मांतर प्रतिभा से युक्त कवि को ही श्रेष्ठ कवि मानते हैं बजाय आभ्यासिक कवि के। औपदेशिक कवि को तो राजशेखर दुर्बुद्धि कवि कहते हैं। अतः राजशेखर के मत में भी प्रतिभा ही काव्य निर्माण में प्रमुख हेतु सिद्ध होता है।

ध्वनिवादी आचार्यों के द्वारा भी प्रतिभा पर बल दिया गया है। आनन्दवर्धन का कहना है कि महाकवियों के द्वारा रसयुक्त अर्थवस्तु का चमत्कार उनमें प्रतिभा तत्वः को दर्शाता है। अर्थात् अलौकिक एवं परिस्फुरित होती हुई प्रतिभा से युक्त ही स्वादु अर्थवस्तु का कथन करते है। आनन्दवर्धन के मत को राजशेखर काव्य मीमांसा में उद्धृत करते हैं जिनका कहना है कि प्रतिभा और व्युत्पत्ति में प्रतिभा श्रेष्ठ है[4]।

कुन्तक का भी मानना है कि पूर्वजन्म तथा इस जन्म के संस्कारों से ओत-प्रोत परिपक्व प्रतिभा ही मूलतः कविशक्ति है [5]। आचार्य जगन्नाथ प्रतिभा को दैवीय कृपा अथवा व्युत्पत्ति एवं अभ्यास जन्य मानकर काव्य के मूल में स्थान देते हैं। जगन्नाथ का आशय यहाँ व्युत्पत्ति एवं अभ्यास को प्रतिभा को संस्कारित मानने में है।

जैन दर्शन के आचार्य हेमचन्द्र का मत है कि नवीन रूपों का उल्लेख करने वाली प्रज्ञा ही प्रतिभा है[6] और काव्य का यहीं मूल हेतु है। व्युत्पत्ति अभ्यास तो उसके संस्कारक मात्र है। वे प्रतिभा के दो भेद सहजा एवं औपदेशिक मानते है[7]। उनके मतानुसार प्रत्येक जीव निसर्गतः अनन्त ज्ञान दर्शन एवं सामर्थ्यादि से युक्त होता है और उसकी आत्मा (प्रतिभा) सूर्य के सदृश सदैव प्रकाशमान होती है। परन्तु जीवों द्वारा सम्पाद्य कुछ शुभाशुभ कार्यों से बादल के समान, प्रकाशमान आत्मा को आवरित कर लेते हैं। शुभकर्मादि से यह आवरण हट जाता है। तथा व्युत्पत्ति आदि से प्रतिभा संस्कारित हो जाती है तब वह सहजा प्रतिभा है। यदि तंत्र-मंत्रादि से प्रतिभा का भासमान होता है तो वह औपदेशिक प्रतिभा है। इस तरह हेमचन्द्र प्रतिभा के दो भेदों का कथन कर उसे काव्य का मूल

स्वीकार करते हैं। अतः कहना उचित ही होगा कि अधिकांश आचार्य प्रतिभा को ही शब्दान्तर भेद से काव्य निर्माण में आवश्यक हेतु स्वीकार करते हैं तथा व्युत्पत्ति एवं अभ्यास को कवि व्यापार का संस्कारक एवं निर्यायक मानते हैं। मूलतः तो प्रतिभा काव्यसर्जना की अनिवार्य शर्त है।

संदर्भ-

[1] काव्यं तु जायते जातु कस्यचित्प्रतिभावतः।- भामह, काव्यालंकार-1.5

[2] कवित्व बीजं प्रतिभानम्। - वामन, काव्यालंकारसूत्रावृत्ति- 1.3.12-18

[3] राजशेखर, काव्यमीमांसा।

[4] राजशेखर, काव्यमीमांसा।

[5] कुन्तक, वक्रोक्तिजीवितम्।

[6]प्रतिभा नवनवोल्लेखशालिनी प्रज्ञा।

- हेमचन्द्रॠ काव्यानुशासन, प्रथमाध्याय;

[7]व्युत्पत्त्यम्भाससंस्कृता प्रतिभाऽस्यः हेतुः। प्रतिभैव च कारणम्।

- हेमचन्द्रॠ काव्यानुशासन, 1.2

सा च सहजौपादेशिकी चेति द्विधा।

- हेचन्द्र, काव्यानुशासन, प्रथमध्याय

10

प्रतिभा, व्युत्यत्ति एवं अभ्यास तीनों समुदित रूप से काव्य सर्जनात्मकता में हेतु

मम्मट, रूद्रट आदि काव्यशास्त्रीयों का मानना है कि काव्य निर्माण के लिए उपरोक्त हेतुओं में से किसी एक के भी अभाव में काव्य रचना में उत्कर्षता नहीं आ सकती है। शब्दान्तर से समुदीतकारणतावादी आचार्य प्रतिभा व्युत्पत्ति एवं अभ्यास तीनों का उल्लेख करते हैं। मम्मट प्रतिभा के लिए शक्ति शब्द का प्रयोग करते हैं[1]। वहीं मम्मट के पूर्ववर्ती रूद्रट भी शक्ति का प्रयोग करते हुए कहते हैं कि शक्ति और प्रतिभा एक ही है[2]।

आचार्य दण्ड़ी कहते हैं कि नैसर्गिक प्रतिभा, शास्त्राज्ञान तथा अभियोग (अभ्यास) तीनों उत्कर्ष काव्य निर्माण के लिए सम्मिलित रूप से हेतु है[3]। वस्तुतः आचार्य दण्ड़ी के विचारों में यहां जो विसंगति दिखाई पड़ती है वह तात्विक न होकर औपचारिक मात्र है। संभवतः उत्कर्ष काव्य सर्जना में तीनों हेतुओं का होना आवश्यक है।

समुदीत कारणतावादी मत को बल इस बात से भी मिलता है कि यद्यपि प्रतिभा को काव्य निर्माण का मूल (बीज) मानने वाले आचार्य भी व्युत्पत्ति एवं अभ्यास पर जोर देते है। दण्ड़ी का कथन की प्रतिभा के न होने पर भी सर्जक शास्त्रानुशीलन तथा अभ्यास (अमंद अभियोग) के द्वारा सरस्वती की कृपा का

पात्र बन सकता है, व्युत्पत्ति व अभ्यास के महत्व को इंगित करता है।

संदर्भ-

[1] मम्मट, काव्यप्रकाश।

[2] रूद्रट, काव्यालंकार।

[3] नैसर्गिकी च प्रतिभा श्रुतं च बहु निर्मलम्।
अमन्दश्चाभियोगोस्याः कारणं काव्य सम्पदः।। - दण्डी, काव्यादर्श- 1.103

11

काव्य सर्जनात्मकता में प्रतिभा यद्‍यपि मुख्य हेतु परंतु प्रतिभा के न रहने पर भी व्युत्पत्ति एवं अभ्यास से काव्य सर्जना संभव

भारतीय काव्यशास्त्रीयों के तीनों मतों में प्रस्तुत मत आधुनिक मनोविज्ञान के अधिक नजदीक जान पड़ता है। जिसमें माना जाता है कि सर्जनात्मकता एक परिणामीकृत प्रक्रिया है, जो सामाजिक क्रिया से उत्पन्न होती है। मनुष्य जिस पर्यावरण में रहता है उसे प्रभावित भी करता है तथा उसके द्‍वारा स्वयं भी प्रभावित होता है। बिना दोनों पक्षों में परिवर्तन हुए कोई भी क्रिया नहीं होती[1]। वर्तमान मनोविज्ञान में सभी व्यक्तियों को सर्जनात्मकता से युक्त माना जाता है। इसका अनुभव काव्य कर्म करने वालों को ही होता है- We are all potentially creative but only those who have become creative realise it[2]। सर्जनात्मकता को आधुनिक मनोविज्ञान जन्मजात नहीं मानता है बल्कि सामाजिक पर्यावरण के द्‍वारा निर्मित शील-गुण के रूप में देखते हैं- Creativity is a process which has a time dimension and which involves originality, adaptiveness and realisation. सर्जनात्मकता एक प्रक्रिया है जो एक काल के आयाम में घटित होती है तथा जिसमें मौलिकता, तदनुरूपता एवं अनुभूतिमयता का योग रहता है[3]।

उपरोक्त मत के साथ ही पाश्चात्य मनोविज्ञानवेत्ता लियोनार्ड स्टाइनबर्ग अपने अन्य मत को रखते है कि सर्जनात्मकता एक ऐसा गुण है जिसके साथ मनुष्य जन्म लेता है। यह प्रतिभा है, अद्वितीय शक्ति है, क्षमता है- From another perspective creativity is viewed as an attitude rather than a aptitude; as a cognitive, stylistic or motivational mode of interacting with one's environment[4].

प्रस्तुत संदर्भ में भारतीय काव्यशास्त्री दण्डी, मंगल, आदि प्रतिभा के अभाव में व्युत्पत्ति एवं अभ्यास से भी काव्य सर्जना मानते हैं। राजशेखर के अनुसार आचार्य मंगल का मानना है कि प्रतिभा एवं व्युत्पत्ति में व्युत्पत्ति श्रेष्ठ है। एवं काव्य रचना में अभ्यास महत्वपूर्ण कारण है। आचार्य दण्डी भी यद्यपि समुदीतकारणतावादी है परंतु उनका मानना है कि प्रतिभा के अभाव में भी काव्य रचना संभव है। व्युत्पत्ति व अभ्यास के द्वारा सरस्वती की कृपा के योग्य बना जा सकता है। आचार्य राजशेखर भी शक्ति को समाधि एवं अभ्यास जन्य मानते हैं।

संदर्भ-

[1] creativity : its Educational Implication; Ed. J.C. Gowan, Demos & Torrence; Pub. John. Wiley & Sons. Inc. N.Y; Sydney: London: (C) 1967 (उद्धृत 'सर्जनशीलता और सौन्दर्य बोध, पं, निशा अग्रवाल, पेज 36)

[2] वहीं`- 37-

[3] वहीं, पृ. 37-38

[4] वहीं, पृ.36.

www.ingramcontent.com/pod-product-compliance
Lightning Source LLC
LaVergne TN
LVHW091231150826

845673LV00003B/1089
9798895566848